Die CMV-Erkrankung

Klinisches Krankheitsspektrum, Diagnostik und Therapie

Herausgeber: Walter Heise

SMV EDITION MATERIA MEDICA

PHARMACIA & UPJOHN GmbH
Medical Affairs Pharmazeutika Praxis
Am Wolfsmantel 46
91058 Erlangen

Herausgeber:
Dr. med. Walter Heise
Auguste-Viktoria-Krankenhaus
II. Innere Abteilung
Rubensstraße 125
12157 Berlin

Text, Konzeption und Gestaltung:
SMVerlagsgesellschaft mbH, 82405 Wessobrunn

Redaktionelle Bearbeitung: Dipl. Biol. Katja Bardehle

Printed in Germany 1998

Satz und Technik: Fotosatz Bernhard GmbH, 86911 Dießen/Ammersee

Druck: Jos. C. Huber KG, 86911 Dießen/Ammersee

ISBN: 3-927290-54-8

Der Umwelt zuliebe! Dieses Papier ist chlor- und säurefrei.

Inhalt

Vorwort

Erfreulicherweise erscheint dieses Buch zur CMV-Erkrankung bei AIDS nun schon in der zweiten Auflage. Auch wenn wir seit Einführung der intensivierten antiretroviralen Therapie (HAART) veränderte Prävalenzen dieser Erkrankung beobachten, ist es weiterhin dringend erforderlich, diese opportunistischen Infektionen klinisch nicht nur in die Differentialdiagnose einzubeziehen, sondern die neuen diagnostischen Methoden und modernen erfolgversprechenden Therapiekonzepte zu prüfen. Untersuchungen mit qualitativer wie quantitativer PCR haben hervorragend zeigen können, daß auch – oder gerade – in Zeiten erfolgreicher antiretroviraler Behandlung die frühe Erkennung von Patienten mit einem erhöhten Risiko für eine CMV-Erkrankung wichtig und möglich ist.

Ungeklärt ist bisher geblieben, ob mit einem erneuten Anstieg der CMV-Erkrankungen bei langjähriger antiretroviraler Therapie oder auch mit einem veränderten Erscheinungsbild der Erkrankung gerechnet werden muß. Neben der übersichtlichen Bestandsaufnahme zum Spektrum der CMV-Manifestationen dokumentiert dieses Buch gleichzeitig durch die neuen Beiträge die Entwicklung weiterer Therapiekonzepte, wie sie für die CMV-Retinitis erforderlich geworden sind; besonders durch die Lokaltherapie konnte das therapeutische Spektrum wesentlich erweitert werden.

Seit Einführung von Cidofovir für die systemische Therapie sind die Therapiestandards von Ganciclovir und Foscarnet um eine dritte sichere und wirksame Therapieoption bereichert worden. In dieser neuen Auflage wird daher – neben einem Beitrag zum Ganciclovir-Implantat – auch über die Ergebnisse der Retinitis-Therapie mit Cidofovir berichtet. Ein wesentliches Kapitel widmet sich den virologischen Grundlagen der CMV-Erkrankung sowie den Resistenzproblemen; der Beitrag zur CMV-Erkrankung bei Transplantierten trägt dagegen dem hier aktuellen Problem ansteigender Infektionen und neuer Therapiekonzepte Rechnung.

Mit den besten Wünschen für den Erfolg dieser Auflage

M. L'age

Dezember 1998

Die HCMV-Erkrankung bei AIDS: Klinisches Erscheinungsbild, Diagnostik und Therapie

Walter Hampl, Detlef Michel und Thomas Mertens

Das humane Cytomegalievirus (HCMV) ist der Erreger der Speicheldrüseneinschlußkörperchen-Krankheit bei Neugeborenen (Synonyme: zytomegale Einschlußkörperchenkrankheit, *cytomegalic inclusion disease*). Diese Erkrankung war den Pädiatern bereits lange vor Entdeckung des Virus bekannt. Die zu beobachtenden Riesenzellen (zytomegale Zellen), sowohl in befallenen Organen wie auch bei infizierten Zellen *in vitro,* weisen charakteristische intranukleäre und intrazytoplasmatische Einschlußkörper auf. In der Histopathologie werden die infizierten Zellen nach Hämatoxilin- und Eosin-Färbung als „Eulenaugenzellen“ bezeichnet. Der Nachweis dieser Zellen in Biopsien oder Sektionsmaterial ist auch heute noch in der Diagnostik bedeutsam, vor allem wenn es um die Lokalisation der HCMV-Infektion geht.

HCMV (humanes Herpesvirus Typ 5 [HHV5]) gehört zur Familie der Herpesviridae und hier zur Subfamilie der β-Herpesvirinae, der auch die humanen Herpesviren 6 und 7 (HHV6/7) zugerechnet werden. Die Vertreter zeichnen sich durch einen langen Replikationszyklus *in vitro* und durch eine strenge Speziesspezifität aus. Wie alle Herpesviren besitzt HCMV die Fähigkeit, nach der Primärinfektion lebenslang im Wirtsorganismus zu persistieren, möglicherweise ohne Partikelbildung (Latenz). Aus diesem Zustand kann das Virus nach einer Reaktivierung erneut in eine aktive Infektion mit Virusreplikation und – unter besonderen Umständen – Krankheitssymptomen übergehen. Um persistieren zu können, hat dieses offenbar entwicklungsgeschichtlich alte Virus des Menschen koevolutionär eine Reihe von Mechanismen entwickelt. Dazu zählen die Expression von Fc-Rezeptoren, verstärkte Expression von komplementregulierenden Proteinen (CD55 und CD46) sowie der Einbau von CD55 und CD59 in die Virushülle, Verhinderung der HLA-Klasse-I-abhängigen Antigenpräsentation auf infizierten Zellen, Expression eines HLA-Klasse-I-Analogon zur Inhibition der NK-Zell-Funktion und die Beeinträchtigung CD95-abhängiger Apoptosemechanismen sowie gezielte Veränderung des Chemokin-Environments durch Expression von G-Protein-gekoppelten Rezeptoranaloga. Diese Mechanismen ermöglichen es dem Virus, sich der vollständigen Elimination durch das Immunsystem zu entziehen. Obgleich nur ein HCMV-Serotyp definiert ist, haben Restriktionsanalysen und Sequenzanalysen der viralen DNA gezeigt, daß es viele genetische Varianten (HCMV-Stämme; 95% Homologie) gibt.

Virusstruktur

Das vollständige, reife Viruspartikel (∅ ca. 230 nm) besteht aus vier morphologischen Komponenten, dem Core (Kern, der die DNA enthält), dem Kapsid, dem Tegument und der Hülle (Envelope).

Das **Core** oder Virusnukleoid enthält die virale DNA (Genom) assoziiert mit Polyaminen. Das Genom ist eine lineare doppelsträngige DNA mit 230 Kbp und einer Kodierungskapazität für mehr als 200 virale Genprodukte. HCMV besitzt das größte Genom der humanen Herpesviren. Es besteht ähnlich wie das Genom von HSV aus zwei kovalent verbundenen Teilen, der L(long)- und der

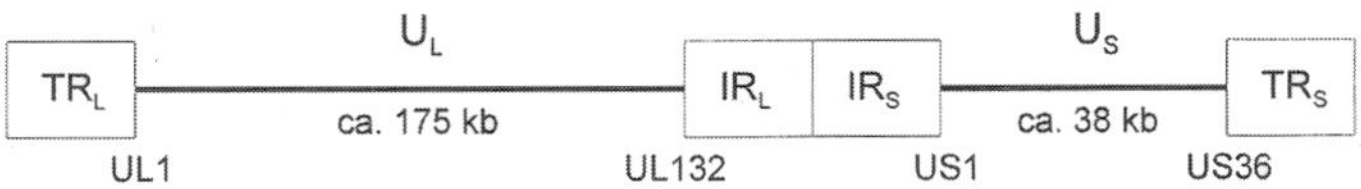

TR = Terminal repeat
IR = Internal repeat
U_L = Unique long (enthält Single-copy-Sequenzen der offenen Leseraster UL1 bis UL132)
U_S = Unique short (enthält Single-copy-Sequenzen der offenen Leseraster US1 bis US132)

Abbildung 1: Das Genom von HCMV

S-Komponente (s=short). Beide Teile enthalten über den größten Bereich sich nicht wiederholende Nukleotidsequenzen (Unique-Regionen, U_L bzw. U_S). Diese Regionen sind flankiert von terminal repetitiven und invertiert repetitiven Sequenzen (TR_S und IR_S bzw. IR_L und TR_L, siehe Abb. 1) [36]. Die offenen Leseraster (Gene) von HCMV sind durchnumeriert und werden nach ihrer Lokalisation auf dem Genom bezeichnet (z.B. UL54 = Polymerase-Gen).

Das **Kapsid** (Proteinhülle; ∅ 116 nm) setzt sich aus 162 hexagonalen Kapsomeren zusammen. Die am Aufbau beteiligten Proteine können je nach Reifezustand der Kapside variieren. Im Virion ist das Kapsid aus mindestens 4 B-Proteinen aufgebaut: aus dem Hauptkapsidprotein (MCP, p150), das 90% des Proteingehalts ausmacht, dem kleinen Kapsidprotein (p34), dem mCP-Bindungsprotein (p33) und dem kleinsten Kapsidprotein (p8,5) [18,36].

Das **Tegument (Matrix)** liegt zwischen Envelope und Kapsid und besteht aus einer größeren Anzahl von vorwiegend Phosphoproteinen, die ca. 40% der Virionmasse ausmachen. Die Haupttegumentproteine sind das basische Phosphoprotein pp150 und das Matrixprotein pp65, das nach Infektion sofort in den Zellkern transportiert wird. Beide Proteine sind hochimmunogen. Das pp65-Protein ist während der Phase einer Antigenämie (zu unterscheiden von der Virämie, welche den Nachweis der Infektiosität voraussetzt) überwiegend in polymorphkernigen Leukozyten (PMNL) und in den zahlenmäßig seltenen im Blut zirkulierenden Endothelzellen zu finden; damit ist es von großer diagnostischer Bedeutung. Das pp65 ist Hauptbestandteil der „dense bodies“ (95%) und ein wesentliches Antigen für zytotoxische T-Zellen. Das basische Phosphoprotein pp150 ist mit 20% der Virionmasse die Hauptviruskomponente und stärker immunogen als das Hauptkapsidprotein p150.

Daneben gibt es noch weitere, teilweise hochimmunogene phosphorylierte und auch nicht-phosphorylierte Proteine [18, 36]. Unabhängig von der Immunogenität sind die meisten der induzierten Antikörper **nicht neutralisierend,** d. h. sie binden an Virusstrukturen ohne die Infektiosität zu neutralisieren.

Die **Lipidhülle (Envelope)** enthält mindestens acht virusspezifische Glykoproteine, die in mehreren Glykoproteinkomplexen vorliegen. Diese Komplexe werden als gCI, gCII und gCIII bezeichnet und bestehen aus zwei oder mehr Glykoproteinen, die über Disulfid-Brücken miteinander verknüpft sind.

Der gCI-Komplex ist ein homodimerer Komplex des Glykoprotein B (gB, gpUL55, 102 kD) und ist häufigster Bestandteil der Hülle (>50 % der Envelope-Proteine), aber auch an der Zelloberfläche der HCMV-infizierten Zelle zu finden. Beim Infektionsprozeß ist der gB-Komplex auf den Virionen beteiligt an der Rezeptorbindung, der Viruspenetration (Fusion mit der Plasmamembran der Wirtszelle), der HCMV-Ausbreitung von Zelle zu Zelle und der Fusion infizierter Zellen [5]. gB ist ein stark immunogenes Protein, das die Synthese von **virusneutralisierenden Antikörpern** bei der Immunantwort hervorruft. Bei der Primärinfektion kommt es allerdings erst verzögert zu einer Synthese von anti-gB (50 bis 100 Tage nach Infektion), während bei der Virusreaktivierung gB-Antikörper bereits nachweisbar sind und eine Boosterung von anti-gB erfolgt. Diese Tatsache erklärt die effiziente Dissemination von HCMV während der Primärinfektion und erlaubt zudem auch eine diagnostische Differenzierung zwischen HCMV-Primärinfektion und HCMV-Reaktivierung [20, 45].

Das gB-Gen hat zwei hochvariable Regionen, die für die Einteilung in verschiedene Genotypen (gB-Varianten, Virusstämme) genutzt werden. Manche Autoren vermuten, daß eine Korrelation zwischen gB-Typ und Pathogenität besteht; dies ist aber nicht belegt. Neuere Untersuchungen an Autopsiematerial Immungesunder zeigen, daß man in den Organen eines Individuums unterschiedliche HCMV-Genotypen nachweisen kann und daß die Seropositivität nach Primärinfektion nicht notwendigerweise vor einer HCMV-Superinfektion schützt [32]. Auch Antikörper-Analysen ergaben, daß bei ca. 20% der Bevölkerung eine Exposition gegenüber multiplen HCMV-Stämmen stattgefunden hat [45].

Das Glykoprotein H (gH) ist neben gB am häufigsten vertreten. Antikörper, die mit gH reagieren, haben eine komplementunabhängige neutralisierende Aktivität. Das gH ist im gCIII-Komplex mit gL und einem weiteren Glykoprotein gp125 in zwei unterschiedlichen Formen assoziiert [28].

Der Glykoproteinkomplex gCII ist noch nicht vollständig definiert und enthält offenbar als eine Komponente das integrale Membranprotein (Glykoprotein M; gM). Neben den genannten sind noch weitere Glykoproteine bekannt [6, 20, 36].

Virusvermehrung (siehe Abb. 2)

Adsorption / Penetration / Uncoating

HCMV bindet über die gCI und gCII-Komplexe in der Virushülle an Rezeptoren der Zellmembran. Nach Fusion der Envelope mit der zellulären Plasmamembran gelangt das Nukleokapsid in das Zytoplasma. Nach Proteolyse der Kapsidproteine (**Uncoating**) wird die virale DNA in den Zellkern transportiert. Auch das Tegumentprotein pp65 der infizierenden Viruspartikel wird nach Infektion sofort in den Kern transportiert, wo es dann nach Neusynthese in der späten Phase der Infektion akkumuliert. In kaskadenartigen Schritten mit strenger zeitlicher Abfolge läuft in der infizierten Zelle die virale Protein- und DNA-Synthese ab, der sich nach Synthese von Virusbestandteilen die Virusreifung anschließt.

α-Gen-Expression

Sehr frühe (immediate early) Infektionsphase: Wie der Name sagt, erfolgt sehr früh die Transkription der „immediate early" Gene (IE-mRNA eine Stunde p. i. nachweisbar) und die Synthese der „immediate early antigens" (IEA), die virale Regulatorproteine darstellen (Maximum der Synthese drei bis vier Stunden p. i.). Die am stärksten exprimierten Proteine sind das IE1 (pUL72)- und das IE2 (pUL86)-Protein. Beide spielen in der Regulation der Transkription viraler und auch zellulärer Gene in der HCMV-infizierten Zelle eine zentrale Rolle [58].

β-Gen-Expression

Frühe (early) Infektionsphase: Es werden zwei Subklassen von Genen unterschieden: Die β1-Gen-Transkription beginnt zwischen der vierten und achten Stunde und die β2-Gen-Transkription („β delayed") zwischen der achten und 24. Stunde p.i. (beide Schritte sind von der viralen

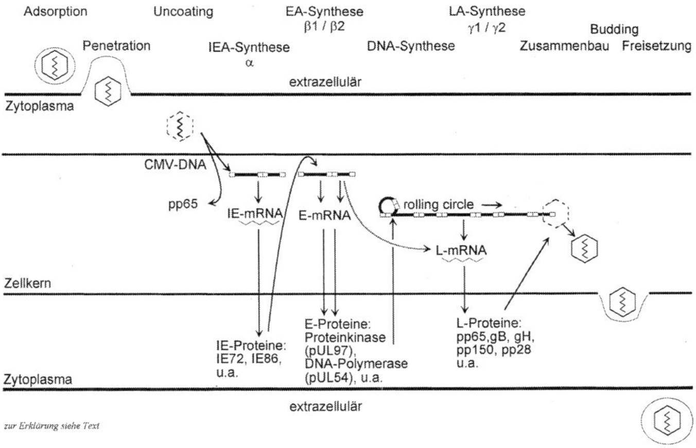

Abbildung 2: HCMV-Replikation

DNA-Synthese unabhängig). Zu den „early antigens" (EA) gehört eine Reihe von Proteinen, die für die virale DNA-Replikation erforderlich sind; die virale DNA-Polymerase (pUL54) zählt zu den wichtigsten E-Proteinen. Sie ist das Zielmolekül der zur Zeit verfügbaren antiviralen Therapeutika; bestimmte Mutationen im kodierenden Gen können für Resistenz gegen die eingesetzten Substanzen verantwortlich sein. Neben der Proteinkinase pUL97, deren biologische Funktion unbekannt ist, die aber „akzidentell" verschiedene Nukleosidanaloga wie Aciclovir (ACV), Penciclovir (PCV) und Ganciclovir (GCV) phosphoryliert, werden in dieser Phase auch bereits einige Strukturproteine synthetisiert. Verschiedene bekannte Mutationen im UL97-Gen führen spezifisch zum Verlust der Fähigkeit, Nukleosidanaloga zu phosphorylieren, und führen phänotypisch zu niedrig- bis mittelgradiger GCV-Resistenz der entsprechenden HCMV-Isolate.

Virale DNA-Synthese

Sie beginnt 14 bis 16 Stunden p.i. und durchläuft zwei Synthesegipfel – nach 18 bis 24 Stunden und 60 bis 80 Stunden p.i.; diese treten zeitgleich mit zellulärer DNA-Replikation auf. Unter Beteiligung der oben genannten viralen Regulatorproteine kommt es nach Zirkularisierung der infizierenden viralen DNA zur Synthese von „Endlos"-DNA. Innerhalb der konkatemeren DNA findet danach die genomische Inversion statt, aus der die vier möglichen isomeren Formen hervorgehen. Zuletzt wird die DNA auf Genomlänge spezifisch geschnitten und später über den S-Terminus in die sogenannten B-Kapside verpackt.

γ-Gen-Expression

Auch in dieser Phase werden zwei Subklassen von Genen unterschieden:

- **early/late Phase**: Die γ1-Proteine werden ebenfalls noch unabhängig von der viralen DNA-Synthese hergestellt (Beginn zwischen 12 und 36 Stunden p.i., allerdings mengenmäßig reduziert bei Hemmung der viralen DNA-Synthese). Hierunter finden sich die späten Phosphoproteine der Virusmatrix (Tegument) pp65 (Antigenämie!) und pp71.
- **späte (late) Phase**: Die Synthese (Beginn zwischen 24 und 48 Stunden p.i.) und die Akkumulation der γ2-Proteine ist abhängig von der viralen DNA-Replikation. Es sind vor allem die Strukturproteine des Viruskapsids und die Glykoproteine der späteren Virushülle, die hier nach Beginn der viralen DNA-Synthese entstehen.

Zusammenbau/Virusreifung

Die im Zytoplasma entstandenen Kapsidproteine werden in den Kern transportiert; dort kommt es in der nukleären Matrix durch Selbstorganisation zur Bildung der **Prä-**

B-Kapside. Daraus gehen die stabilen **B-Kapside** hervor, aus denen nach Einschleusung der DNA die reifen **C-Kapside** entstehen. Die akkumulierten Nukleokapside im Zellkern bilden die Kerneinschlüsse, die nach Färbung infizierter Zellen lichtmikroskopisch in den „Eulenaugenzellen" in Erscheinung treten. Die Assoziation der Tegumentproteine (Matrix) erfolgt wahrscheinlich im Kern und teilweise im Zytoplasma. Nach Überwindung der Kernmembran kommt es zur endgültigen Umhüllung der Nukleokapside durch modifizierte zytoplasmatische Membranen, in welche virale Glykoproteine eingelagert werden. Erste reife HCMV finden sich in der infizierten Zelle 48 Stunden p.i.; das Maximum der Produktion liegt zwischen 72 und 96 Stunden p.i. [18, 36].

Die Infektion mit HCMV führt in der Zellkultur zur Bildung von im wesentlichen drei morphologisch unterscheidbaren Partikeln:

- den reifen infektionsfähigen Viruspartikeln (VP),
- den nicht-infektiösen umhüllten Partikeln („non-infectious enveloped particles" NIEPs); dies sind umhüllte B-Kapside mit Tegumentproteinen, aber ohne virale DNA),
- und den „dense bodies" (DBs); dies sind amorphe Strukturen von sehr heterogener Größe (250 bis 600 nm), die mit einer Lipidmembran umhüllt sind, aber keine Kapside und nach den meisten Berichten auch keine virale DNA besitzen. Sie kommen vorwiegend im Zytoplasma der infizierten Zelle vor und bestehen zum größten Teil (95% der Masse) aus dem Tegumentprotein pp65, umgeben von der Virushülle. Als umhüllte Elemente werden die „NIEPs" und die „DBs" bei Kontakt mit der Zellmembran wie die reifen VP mit der gleichen Kinetik und dem gleichen Ablauf innnerhalb von 60 Sekunden in die Zelle aufgenommen. Sie sind offenbar auch an virusinduzierten Phänomenen in der Zelle beteiligt [18, 53].

Epidemiologie

HCMV ist weltweit verbreitet; einziger Wirt des Virus ist der Mensch. Die natürliche Übertragung erfolgt durch Tröpfcheninfektion, Schmierinfektion, Stillen, prä-/perinatale Infektion (transplazentar, Geburtskanal) und Sexualkontakte. Zunehmend bedeutsam werden außerdem die iatrogenen Übertragungen durch transfundiertes Blut oder transplantierte Organe von HCMV-seropositiven Spendern. Nach der Primärinfektion persistiert HCMV lebenslang im Organismus. Man spricht dann von Seropositivität oder „Zustand nach Primärinfektion". Natürliche Gipfel der Primärinfektionen liegen bei uns im Neugeborenen-/Kleinkindesalter und im jungen Erwachsenenalter. Abhängig von soziohygienischen Faktoren liegen die Durchseuchungsraten weltweit zwischen 40 und 100%. In Ländern (Entwicklungsländer) mit hoher Durchseuchung werden 100% oft schon im Kindesalter erreicht.

Infektionsverlauf/Klinik

Postnatal bei Immungesunden

Postnatal verläuft die HCMV-Primärinfektion bei gesunden, immunkompetenten Kindern und Erwachsenen in ca. 90% der Fälle inapparent. Wenn klinische Zeichen auftreten, handelt es sich meist um passageres Fieber und/oder eine mononukleoseähnliche Symptomatik. Auch endogene Reaktivierungen mit Virusausscheidung, die sicher von Zeit zu Zeit in Abhängigkeit von unbekannten Faktoren auch bei Immungesunden ablaufen, werden im allgemeinen nicht bemerkt. Andererseits häufen sich z. B. Befunde und Daten aus tierexperimentellen Modellen mit tierischen Cytomegalieviren, wonach HCMV in Zellen der Gefäßwände über eine Induktion von Zytokinen und Adhäsionsmolekülen Veränderungen verursachen könnte, die zur Entstehung der Artherosklerose und zur Entwicklung von Restenosen beitragen [14].

Pränatal

HCMV ist die häufigste intrauterine Infektion des Feten (0,2 bis 2,2% in den USA). Primärinfektionen treten bei seronegativen Schwangeren mit einer Häufigkeit von 0,7 bis 4% auf. Die Transmissionsrate liegt bei Primärinfektion der Mutter zwischen 35 und 50%. Bei ca. 10% der infizierten Feten kommt es in der Folge zu einer Erkrankung unterschiedlicher Ausprägung. HCMV kann schwere generalisierte Organmanifestationen oder auch Spätschäden bei zunächst asymptomatischen Neugeborenen verursachen. Die Letalität bei symptomatischen Neugeborenen liegt bei 11%, die Rate neurologischer Schäden bei ca. 25%.

Bei HCMV-seropositiven Schwangeren werden in 3 bis 35% (Durchschnitt ca. 9%) HCMV-Reaktivierungen oder Sekundärinfektionen beobachtet. Intrauterine Infektionen der Kinder sind hierbei aber deutlich seltener (0,2 bis 2%). Sie führen nur in Ausnahmefällen zu klinischen Manifestationen, die dann mit deutlich schwächer ausgeprägter Symptomatik als bei Primärinfektionen zutage treten.

Perinatale oder frühpostnatale Infektion von Neugeborenen

Von den Kindern seropositiver Mütter infizieren sich 8 bis 60% unter der Geburt (Zervikalsekret) oder in den ersten sechs Monaten nach der Geburt, vor allem über die Muttermilch. Eine HCMV-Reaktivierung findet offenbar bei 90% der HCMV-seropositiven Mütter lokal in der Brustdrüse statt. Die Infektion verläuft bei den reifen Neugeborenen klinisch stumm, ist aber ebenso von einer unter Umständen langjährigen HCMV-Ausscheidung begleitet. Bei sehr kleinen, unreifen Frühgeborenen dagegen besteht während der intensiven Behandlungsphase ein hohes Risiko, an einer schweren systemischen HCMV-Infektion zu erkranken [55].

Immundefiziente und immunsupprimierte Patienten

Die Häufigkeit einer HCMV-Reaktivierung sowie die Schwere der HCMV-Erkrankung ist abhängig vom Ausmaß der Beeinträchtigung des Immunsystems. Die Erfahrungen mit Patienten nach Knochenmark- und Organtransplantation beweisen, daß unterschiedliche Verfahren und Medikamente zur Immunsuppression zu sehr unterschiedlichen Reaktivierungs- und Erkrankungsraten führen. Neuere Beobachtungen bei extensiv T-Zell-depletierten Patienten zeigen, daß offenbar auch die Krankheitsmanifestationen von der Art der Immunsuppression abhängen. Asymptomatische und milde Infektionen bis hin zu lebensbedrohlichen Erkrankungen mit spezifischer Organbeteiligung können auch hier die Folge einer aktiven HCMV-Infektion sein. Bei KMT-Patienten und Patienten nach solider Organtransplantation sind Pneumonitis und Hepatitis die schwerwiegendsten HCMV-Syndrome. Bei AIDS-Patienten ist die Infektion am häufigsten mit der Retinitis assoziiert, gefolgt von gastrointestinalen Erkrankungen und Enzephalitis.

HCMV-infizierbare Zellen im Menschen

Bei schweren, disseminierten Infektionen lassen sich HCMV-infizierte Zellen praktisch in allen Organen/Organsystemen nachweisen. Im Gegensatz zur *In-vitro*-Situation, wo Fibroblasten die optimalen Zielzellen darstellen, sind *in vivo* vor allem und regelmäßig ductale Epithelien (z.B. Speichedrüse, Gallengänge, Nierentubuli) betroffen. Epithelien des Respirationstraktes und des Gastrointestinaltraktes können ebenso Orte der Virusreplikation sein wie Gliazellen, neuronale Zellen, Retinazellen und epitheliale Zellen des Innenohres oder neuronale Zellen des VIII. Hirnnerven. Seltener werden auch infizierte parenchymatöse Zellen beobachtet (z.B. Leber, Lunge). *In vivo* kann

HCMV auch mit glatten Muskelzellen, mit Monozyten, polymorphkernigen Leukozyten und Knochenmark-Vorläuferzellen interagieren [34, 47]. HCMV kann in diesen Zellen persistieren und teilweise replizieren. Außerdem können auch die Endothelzellen in den kleinen Gefäßen und Kapillaren infiziert werden und offenbar ein Ort der HCMV-Latenz bzw. -Persistenz sein [56, 57]. Sie sind als persistent infizierte Zellen (mit HCMV-DNA und HCMV-Antigen) in zahlreichen Organen zu finden und nach Reaktivierung wohl die entscheidenden Ausgangsorte für die Virusdissemination bei Immunsupprimierten.

Für die hämatogene Verbreitung von HCMV während der antigenämischen und virämischen Phase sind neben den zirkulierenden zytomegalen Endothelzellen wahrscheinlich auch periphere Blutleukozyten, insbesondere Monozyten, verantwortlich. Polymorphkernige Leukozyten (PMNL) im Blut immunkompromittierter Patienten sind zwar als antigentragende Zellen stark beteiligt, aber die überwiegende Präsenz von pp65 in den PMNL spricht für eine *In-vivo*-Phagozytose von teils infektiösem HCMV (für einige Stunden vorhanden), aber auch von „dense bodies“, die bis zu 95% pp65-Antigen enthalten. Nur in einer kleinen Anzahl von PMNL kann wahrscheinlich auch ein kompletter Replikationszyklus auftreten [42]. Neben den erwähnten Zelltypen ist an der Dissemination der HCMV-Infektion wahrscheinlich auch zellfreies HCMV beteiligt.

Das wichtigste Reservoir von persistierendem HCMV in seropositiven Individuen sind wahrscheinlich die myelomonozytischen Vorläuferzellen im Knochenmark, von denen nach Differenzierung zu zirkulierenden Monozyten eine Subpopulation Träger von latentem HCMV ist. Über diese latent infizierten zirkulierenden Monozyten, die an Stellen der Gefäßentzündung oder Gefäßverletzung mit den lokalen Zellen der Gefäßwand kommunizieren, wäre ein weiterer möglicher Mechanismus denkbar, wie HCMV in die Zellen der Gefäßwand gelangt. Erst mit einer hier stattfindenden Aktivierung oder Differenzierung zu Makrophagen wird die latente HCMV-Infektion reaktiviert; in der Folge werden benachbarte Endothelzellen oder glatte Muskelzellen infiziert [21, 46].

Als weitgehend gesichert gilt, daß auch die glatten Muskelzellen in den Wänden der großen Arterien einen Ort der HCMV-Latenz darstellen können. In diesen Zellen läßt sich bei HCMV-seropositiven Gesunden nur HCMV-DNA, jedoch kein infektiöses HCMV oder HCMV-Antigen nachweisen. HCMV ist aber in diesen Zellen reaktivierbar und spielt wahrscheinlich eine Rolle in der Gefäßpathologie bei der Entstehung der Artherosklerose, der Transplantat-Artherosklerose und der Restenose [23, 56]. Es wird angenommen, daß HCMV in den glatten Muskelzellen durch Interaktion von IE-Antigen (IE2) mit dem Tumorsuppressor-Protein p53 die Proliferation von glatten Muskelzellen stimuliert.

Viele, wenn nicht die meisten Aspekte der Latenz und Reaktivierung sind beim Menschen noch unklar. Welche Zellen die relevanten Orte der Persistenz beim gesunden HCMV-Träger sind und in welcher Form die Persistenz besteht, ist nicht geklärt. Ebenso unbekannt sind die exakten molekularen Mechanismen der Latenz und der Reaktivierung.

Kontrolle der HCMV-Infektion

Verschiedene Eigenschaften des HCMV wie die langsame Vermehrung, restringierter Zelltropismus und die langsame Ausbreitung mögen zu den Ursachen gehören, welche die geringe Pathogenität im Immungesunden erklären können. Hinzu kommt eine normalerweise effektive Immunkontrolle, die eine fein abgestimmte Koexistenz von Virus und

Wirt ermöglicht (s. Einleitung). Obwohl es eine Vielzahl von Einzelbefunden aus besonderen klinischen Situationen und tierexperimentellen Modellen zur Immunologie der CMV-Infektion gibt, sind wir noch weit von einem Gesamtverständnis der komplexen Immunkontrolle beim Menschen entfernt [35].

Nahezu alle bekannten zellulären Immunmechanismen von sezernierten Zytokinen bis zu NK-Zell-Funktionen scheinen, zumindest unter bestimmten Bedingungen, beteiligt zu sein. Offensichtlich ist auch die humorale Immunantwort bedeutsam; dabei kommt komplizierend hinzu, daß funktionell unterschiedliche Antikörperpopulationen gegen verschiedene virale Epitope gebildet werden [45].

Virologische Grundlagen der Diagnostik

Mögliche diagnostische Fragestellungen

Alle üblichen virologisch-diagnostischen Bemühungen lassen sich letztlich auf wenige Fragen zurückführen:

1. Serostatus
   Zu klären ist, ob bei einem Individuum eine Primärinfektion mit HCMV bereits stattgefunden hat.
2. Primärinfektion
   Besteht zum Zeitpunkt der Untersuchung eine aktive (Virusvermehrung) Primärinfektion? Eine besondere Variante dieser Frage ist die Abklärung einer intrauterinen Infektion.
3. Aktive Infektion (Virusvermehrung) nach Reaktivierung und Ausmaß derselben.

Die wesentliche Differentialdiagnose zwischen einer Primärinfektion und einer Reaktivierung kann bei Fehlen von Vorbefunden schwierig oder sogar unmöglich sein.

Darüber hinaus existieren einige virologisch zu beantwortende Spezialfragen wie z. B. Nachweis einer exogenen Zweitinfektion über Charakterisierung von Virusisolaten oder die Frage der Resistenz einzelner Virusisolate gegenüber antiviralen Substanzen.

Diagnostische Werkzeuge

Die Präsenz von IgG-Antikörpern (ELISA/NT) weist auf eine durchgemachte Infektion irgendwann in der Vergangenheit (nicht bei passiv übertragenen AK). Die Anwesenheit der Antikörper bedeutet keinen sicheren Schutz vor endogener Reaktivierung oder exogener Neuinfektion. Der Nachweis von IgM-Antikörpern kann sowohl bei Primärinfektion als auch bei Reaktivierungen möglich sein und gestattet somit keine sichere Unterscheidung. Neutralisierende Antikörper (NT) gegen virale Glykoproteine treten nach Primärinfektion sehr verzögert auf (50 bis 100 Tage). Hierdurch ergibt sich unter Umständen die Möglichkeit, zwischen Primärinfektion und Reaktivierung zu unterscheiden, wenn der Nachweis einer IgG-Serokonversion nicht gelingt. Kommerzielle ELISA-Systeme, mit denen es möglich wäre, Antikörper gegen verschiedene virale Epitope differenziert zu detektieren, stehen allerdings noch nicht zur Verfügung [45].
Jeder Nachweis von infektiösem Virus beweist eine aktive Infektion. Eine sehr empfindliche PCR kann allerdings auch bei Seropositiven in Blutzellen latente HCMV-DNA nachweisen.

Zu den wesentlichen Maßnahmen der infektiologischen Überwachung gehört das Screening von Blut (pp65, Isolierung, DNA), von Rachenspülungen und Urin (Isolierung). Alle diagnostischen Marker sollten mittlerweile ausschließlich quantitativ/semiquantitativ bestimmt werden.

Therapie

Die Folge der sehr viel häufiger auftretenden Reaktivierungen bei gestörter bzw. fehlender Immunkompetenz ist die Gefahr einer unkontrollierten HCMV-Vermehrung und Ausbreitung sowie – damit verbunden – ein erhöhtes Risiko einer schweren bis lebensbedrohlichen Erkrankung. Für die Behandlung schwerer HCMV-Erkrankungen und auch für prophylaktische Maßnahmen stehen heute drei verschiedene antivirale Substanzen zur Verfügung.

Ganciclovir (GCV) ist ein Analogon des Guanosins. Die mittlere Hemmdosis 50 (HD_{50}/IC_{50}) für GCV-sensitive klinische Isolate liegt *in vitro* zwischen 0,4 und 11,0 µM (Median 4 µM) bzw. zwischen 0,125 und 2,5 µg/ml (Median 1 µg/ml), für Isolate mit niedriger bis mittlerer Resistenz (*low level resistance*) zwischen 12 und 30µM und für hochresistente Isolate (*high level resistance*) > 30 µM [12, 39]. Die intrazelluläre Halbwertszeit von GCV-Triphosphat mit ca. 16,5 Stunden korreliert nicht mit der Plasmahalbwertszeit (2,9 Stunden).

Foscarnet (Phosphono-Ameisensäure/PFA/Foscavir®), ein Pyrophosphat-Analogon (Nicht-Nukleosid-Analogon). Es wurde vorgeschlagen, HCMV-Isolate mit HD_{50}-Werten von > 400 µM als resistent zu bezeichnen. PFA weist eine gute ZNS-Penetration auf und ist damit besonders geeignet zur Behandlung der HCMV-Enzephalitis [24].

Cidofovir (CDV/Vistide®) stellt ein Analogon des Cytosin-Monophosphats dar. Die HD_{50}-Werte für sensitive HCMV liegen zwischen 0,04 und 4 µg/ml bzw. < 2 µM [7, 9]. Vorteilhaft ist die lange intrazelluläre Halbwertszeit, die bereits für die nicht-infizierte Zelle bei 17 bis 65 Stunden und für die infizierten Zellen bei bis zu 87 Stunden liegt. CDV ist einsetzbar gegen HCMV-Varianten mit GCV-Resistenz (nur pUL97-Resistenz).

Kombinationstherapie: Das differente Spektrum der Nebenwirkungen von GCV und PFA sowie der *in vitro* gezeigte synergistische Effekt [30] legen die Kombinationstherapie nahe. Die überlegene Wirksamkeit einer solchen Therapie gegenüber der Monotherapie wurde vereinzelt nachgewiesen [10, 50].

Für **Aciclovir** (ACV) und **Valaciclovir** (ValACV) ist eine klinische Wirksamkeit in der Therapie der HCMV-Erkrankung nicht gegeben, wohl aber ist bis zu einem gewissen Grad eine prophylaktische Wirksamkeit gegen die HCMV-Reaktivierung nach Transplantation beobachtet worden [33].

Wirkmechanismus

Da antivirale Substanzen selektiv virale Funktionen der HCMV-Replikation hemmen, kann eine Therapie nur auf die produktive (aktive) HCMV-Infektion Einfluß nehmen, nicht aber auf die latente Infektion. Das Zielmolekül der heute verfügbaren antiviralen Therapeutika ist die virale DNA-Polymerase (pUL54), ein zentrales Enzym, das für die virale DNA-Synthese bei der HCMV-Replikation verantwortlich ist.

GCV wird durch Phosphorylierung zum Triphosphat aktiviert. In der HCMV-infizierten Zelle wird dazu der erste Phosphorylierungsschritt von GCV zum GCV-Monophosphat offenbar akzidentell durch eine virale **Proteinkinase** (pUL97) vollzogen. Die biologische Funktion des pUL97 ist bislang unbekannt, aber es handelt sich um eine für die Virusreplikation wesentliche Funktion, so daß UL97 selbst ein Ziel künftiger antiviraler Therapieansätze sein kann. pUL97 ist in der infizierten Zelle intranukleär lokalisiert und führt zu Autophosphorylierung. Auch im Viruspartikel wurde pUL97 nachgewiesen.

Die weitere Metabolisierung zum GCV-Di- und -Triphosphat erfolgt anschließend durch zelluläre Kinasen. Das

GCV-Triphosphat wird aufgrund der höheren Affinität zur viralen Polymerase als zur zellulären Polymerase unter Verdrängung des natürlichen Desoxyguanosin-Triphosphats in die virale DNA eingebaut. Dabei kommt es nicht wie bei ACV zu einem obligaten DNA-Kettenabbruch, sondern zu einer stark herabgesetzten Polymerisationsgeschwindigkeit.

Cidofovir (CDV/Vistide®), das bereits als Monophosphat vorliegt, benötigt demnach nur noch die Phosphorylierungsschritte zum Triphosphat durch die zellulären Kinasen. Wie GCV hemmt es anschließend selektiv über die virale DNA-Polymerase die virale DNA-Synthese.

PFA (Foscarnet) benötigt keine vorherige intrazelluläre Modifikation, sondern kann direkt die Pyrophosphatbindungsstelle an der viralen DNA-Polymerase blockieren. Dabei wird die Abspaltung des Pyrophosphats verhindert, das normalerweise bei der Verknüpfung von Nukleotiden während der DNA-Synthese freigegeben wird. Der inaktive PFA-DNA-Polymerase-Komplex, aus dem das Enzym nicht mehr freigesetzt wird, bleibt bestehen.

Mechanismen der Resistenzbildung

Häufigste Ursache für die GCV-Resistenz bei klinischen HCMV-Isolaten sind Mutationen einzelner Aminosäuren im UL97-Protein. Die Mutationen treten in bestimmten Regionen des Proteins gehäuft auf (Aminosäuren 460 bis 607) und führen zu einer verminderten initialen Phosphorylierung von GCV. Phänotypisch weisen diese Mutanten eine geringe bis mittelgradige Resistenz gegen GCV auf ohne Kreuzresistenz gegen PFA und Cidofovir, da diese virale Funktion von beiden Substanzen nicht benötigt wird [8, 61].

Mutationen im viralen Polymerase-Gen (UL54) sind ebenso möglich und für wenige klinische HCMV-Isolate auch berichtet worden [22, 51]. Sie führen zu einer Veränderung in der Substratspezifität des viralen Enzyms, z.B. gegenüber dem GCV-Triphosphat, und sind somit für die GCV-Resistenz verantwortlich. Solche HCMV-Varianten können zwar GCV phosphorylieren, sind aber trotzdem GCV-resistent mit Kreuzresistenz gegen Cidofovir. Unterschiedliche Mutationen des Polymerase-Gens können zu verschiedenen Resistenzen führen, je nachdem welche funktionelle Domäne der Polymerase betroffen ist. So sind Mutationen in der Pyrophosphatbindungsstelle der Polymerase assoziiert mit PFA-Resistenz, aber ohne Kreuzresistenz gegen GCV und Cidofovir [22].

Häufiger dagegen können HCMV-Varianten mit Doppelmutationen identifiziert werden, die sowohl in pUL97 als auch in der viralen Polymerase Mutationen aufweisen. Diese Veränderungen führen zu komplexen Resistenzmustern. Sie sind verbunden mit hochgradiger GCV-Resistenz bei zusätzlicher CDV-Kreuzresistenz und/oder PFA-Kreuzresistenz (Abb. 3) [1].

Selektion resistenter Varianten

Während der HCMV-Replikation kommt es auch ohne Anwesenheit antiviraler Substanzen zu Spontanmutationen, die, wie bei HSV beschrieben [38], zu einem geringgradigen Anteil (< 0,1%) von resistenten Varianten führen. Solche „drug"-resistenten HCMV-Varianten sind somit natürlicherweise in der HCMV-Mischpopulation bereits vorhanden und entstehen nicht erst unter antiviraler Behandlung. In Gegenwart antiviraler Substanzen kann es zu einem Selektionsdruck kommen, der zur Anreicherung bis zur Dominanz der resistenten Viruspopulation führt. Bei stark geschwächtem Immunsystem, vorwiegend aber bei ständig abnehmender Immunkompetenz wie bei HIV-Infizierten gelingt es häufiger nicht, mit der Therapie die HCMV-Replikation vollständig zu unterdrücken. Das hat zur Folge, daß unter Langzeittherapie (> 3 Monate) weiter-

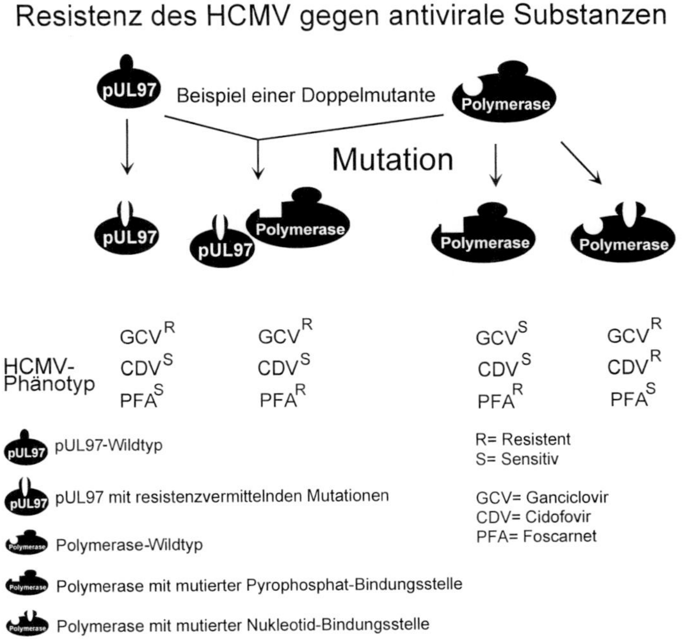

Abbildung 3: Zusammenhang zwischen Genotyp und Phänotyp bei resistenten HCMV-Isolaten

hin eine reduzierte HCMV-Vermehrung ablaufen kann, wobei sich die resistente HCMV-Population besser vermehrt. Bei AIDS-Patienten mit HCMV-Retinitis und einer GCV-Therapiedauer von über drei Monaten scheiden ca. 8% und nach neun Monaten 27,5% der Patienten „drug"-resistente HCMV aus [11, 26].

Die häufigen Retinitis-Rezidive bei diesen Patienten haben aber in den meisten Fällen zunächst nichts mit resistenten HCMV zu tun [52]. Diese klinische Resistenz ist primär im Zusammenhang mit der GCV-Konzentration zu sehen, die intrazellulär bzw. lokal unzureichend sein kann, z.B. zu geringe intravitreale GCV-Konzentration bei HCMV-Retinitis, eine unzureichende GCV-Penetration der Blut-Hirnschranke bei HCMV-Enzephalitis [16] oder vermutlich keine gleichförmige Verteilung von GCV im gastrischen Gewebe bei HCMV-Gastritis. SINZGER und Mitarbeiter zeigen immunhistochemisch, daß trotz bereits negativer Parameter beim Therapiemonitoring (pp65, DNA) HCMV in der Epithelzellschicht noch präsent war, aber nicht mehr in den tieferen Schichten der Stroma- und glatten Muskel-Zellschicht [48]. Bevor die Therapie umgestellt wird (z.B. von GCV zu PFA), muß man bei klinischer Resistenz auch einen unzureichenden GCV-Plasmaspiegel in Erwägung ziehen [40].

Wie weit die prophylaktische Gabe von GCV die Selektion resistenter Varianten fördert [3, 4, 41, 49], ist noch nicht abzuschätzen. Es ist in einigen Studien gezeigt worden, daß mit der GCV-Prophylaxe die Inzidenz der aktiven HCMV-Infektion und die Schwere der HCMV-Erkrankung reduziert werden kann. Eine wirksame Unterdrückung bzw. Reduktion ist beschrieben für KMT-Patienten [19, 59] sowie für solide Organtransplantationspatienten [3, 31]. Auch für orales GCV konnte SPECTOR in einer Studie mit HIV-Patienten zeigen, daß die Substanz zur HCMV-Prophylaxe geeignet ist und eine Reduktion der HCMV-Infektion bzw. auch der HCMV-Retinitis bis zu 50% erzielt werden konnte [49]. In keinem Fall wurde bisher konkret über die Selektion resistenter Virusvarianten berichtet.

Starke Immunsuppression bzw. zunehmende Immunschwäche des Patienten in Verbindung mit einer erforderlichen antiviralen Langzeittherapie, in zeitlich kurzem Abstand wiederholte Therapiezyklen, aber auch lokal unwirksame Konzentrationen antiviraler Substanzen sind also Voraussetzungen, die die Selektion „drug"-resistenter HCMV-Varianten begünstigen. Es ist durchaus denkbar, daß andere Nukleosidanaloga, welche durch pUL97 phosphoryliert werden können (Aciclovir, Penciclovir) unter ungünstigen Bedingungen auch zu einer Selektion von GCV-kreuzresistenten HCMV führen können. Ein erster Bericht, der bei kindlichen KMT-Patienten auf eine solche Kreuzresistenz hinweist, ist kürzlich veröffentlicht worden [60].

Klinische Bedeutung resistenter HCMV-Varianten

Verschiedene Berichte/Studien belegen, daß Infektionen mit GCV-/PFA-resistenten HCMV mit einer Progression der Erkrankung assoziiert sind [4, 11, 15, 27], ähnlich wie das auch für ACV-resistente Herpes-simplex-Viren (HSV) von immunsupprimierten Patienten beschrieben worden ist [25, 29]. Die resistenten HSV-Varianten haben aber bei *In-vitro*-Kultivierung Replikationsnachteile und, wie im immunkompetenten Tier gezeigt, reduzierte pathogene Eigenschaften gegenüber der sensitiven Wildviruspopulation. Langsames Wachstum *in vitro* ist auch für resistente HCMV-Varianten bekannt [1]; wie weit aber Resistenz auch für eine geringere Pathogenität im immmunkompetenten Wirt gilt, ist wegen fehlender Tiermodelle nicht nachvollziehbar.

Therapieindikation/Therapiemonitoring

Da die aktive HCMV-Infektion auch bei immunsupprimierten Patienten oft ohne klinische Symptome ablaufen kann und auch eine bestehende klinische Symptomatik, selbst Organmanifestation, nicht immer leicht als HCMV-Erkrankung zu erkennen ist, erhebt sich die Frage: Wann ist eine HCMV-Therapie indiziert und wie kann der Erfolg der antiviralen Therapie überwacht werden?

Um die HCMV-Infektion mit klinischen Symptomen zu korrelieren, ist es notwendig, die HCMV-Last (HCMV-pp65-Antigen/HCMV-DNA/infektiöse HCMV) im Blut quantitativ zu bestimmen.

Am häufigsten wird der Nachweis von **HCMV-pp65-Antigen** in peripheren Blutleukozyten verwendet [54]. Dieser Test ist der Serologie und Zellkultur überlegen und fällt im allgemeinen in den verschiedenen Patientengruppen einige Tage bis Wochen vor Auftreten klinischer Symptome positiv aus. Die Präsenz von pp65-Antigen in Leukozyten ist mit der aktiven HCMV-Infektion assoziiert. Der quantitative pp65-Antigennachweis (Zahl HCMV-pp65-pos. Zellen/ca. 150.000 Leukozyten [41, 43]) als indirekter Hinweis der Viruslast hat einen hohen prognostischen Wert für das Risiko, eine HCMV-Erkrankung zu entwickeln. Die Kenntnis der HCMV-Last kann damit auch Indikation sein, frühzeitig eine antivirale Therapie zu beginnen. Auch die Schwere der Erkrankung kann meist mit der Zahl pp65-Antigen-positiver Zellen korreliert werden.

Der quantitative Nachweis von **HCMV-DNA** (Zahl der DNA-Genome/ml) mit der PCR im peripheren Blut während der aktiven HCMV-Infektion ist ähnlich sensitiv und spezifisch wie der pp65-Antigennachweis und erlaubt die gleichen Aussagen [4, 43, 44]. Es ist bisher kein eindeutiger Vorteil der PCR gegenüber dem pp65-Nachweis bei großer Stichprobe (z. B. Zahl pos. Zellen/400.000 Leukozyten) zu erkennen.

Mit der Möglichkeit, die HCMV-Last hochsensitiv und quantitativ zu bestimmen (DNA/pp65), eröffnen sich für die verschiedenen Patientengruppen differenzierte Vorgehensweisen. So müssen vor allem seropositive Nieren- und Leber-Transplantationspatienten mit niedriger HCMV-Last und damit geringerem Risiko für eine symptomatische Infektion nicht einer Therapie mit antiviralen Substanzen ausgesetzt werden. Bei höherem Risiko einer HCMV-Erkrankung wird aber die prä-emptive Therapie notwendig sein. Bei verschiedenen Gruppen immunsupprimierter und immundefizienter Patienten ist gezeigt worden, daß die erhöhte HCMV-Last im Blut ein Hauptrisikofaktor für die HCMV-Erkrankung ist. Schon relativ geringfügige Schwankungen der HCMV-Last lassen bei diesen Patienten Rückschlüsse auf die Ausprägung der Erkrankung zu [13]. Leider ist bei HIV-Patienten mit HCMV-Retinitis der quantitative Nachweis einer systemischen Infektion häufig nicht so aussagekräftig wie bei den anderen Patientengruppen.

Eine erfolgreiche GCV-Behandlung führt meist innerhalb weniger Tage zu einem deutlichen Abfall der HCMV-Last im Blut (pp65/DNA/infektiöses HCMV) [44]. Dabei kann einerseits eine zu empfindliche PCR (länger positiv als pp65-Antigennachweis) über die Phase der HCMV-Replikation hinaus positiv sein und eine unnötige Fortsetzung der Therapie bewirken. Andererseits aber kann das Negativwerden der Parameter (DNA/pp65) nicht ausreichend sein, die aktive HCMV-Infektion auszuschließen. Dies ist bekannt für die HCMV-Retinitis bei AIDS-Patienten, aber auch für andere Organmanifestationen bei immunsupprimierten Patienten [48].

Der zur Zeit übliche Fokus-Reduktionstest [17] zur Bestimmung der „Drug"-Sensitivität von HCMV-Isolaten ist sehr zeitaufwendig. Er erfordert zuerst die Virusisolierung in der Zellkultur (teilweise mehrere Wochen) und die anschließende Sensitivitätstestung (ca. eine Woche); somit ist er nicht hilfreich, wenn die Entscheidung für einen Therapiewechsel ansteht. Künftig sollte es möglich sein, resistente HCMV-Varianten durch direkte Sequenzanalysen aus klinischem Material sofort zu identifizieren, da die für die Resistenz verantwortlichen Mutationen in der viralen Polymerase und Phosphotransferase weitgehend bekannt sind [2, 4, 37].

Literatur

[1] Baldanti F, Underwood MR, Stanat SC et al.: Single amino acid changes in the DNA polymerase confer foscarnet resistance and slow-growth phenotype, while mutations in the UL97-encoded phosphotransferase confer ganciclovir resistance in three double-resistant human cytomegalovirus strains recovered from patients with AIDS. J. Virol. 70 (1996) (3) 1390–1395

[2] Boivin G, Chou S, Quirk MR et al.: Detection of ganciclovir resistance mutations and quantitation of cytomegalovirus (CMV) DNA in leukocytes of patients with fatal disseminated CMV disease. J. Inf. Dis. 173 (1996) 523–528

[3] Boivin G, Erice A, Crane DD et al.: Ganciclovir susceptibilities of cytomegalovirus (CMV) isolates from solid organ transplant recipients with CMV viremia after antiviral prophylaxis. J. Infect. Dis. 168 (1993) 332–335

[4] Boivin G, Gilbert C, Morissette M, Handfield J, Goyette N, and Bergeron MG: A case of ganciclovir-resistant cytomegalovirus (CMV) retinitis in a patient with AIDS: longitudinal molecular analysis of the CMV viral load and viral mutations in blood compartments. AIDS 11 (7) (1997) 867–73

[5] Boyle K and Compton T: Receptor-binding properties of a soluble form of human cytomegalovirus glycoprotein B. J. Virol. 72 (1998) 1826–33

[6] Britt WJ and Mach M: Human cytomegalovirus glycoproteins. Intervirol. 39 (1996) 401–12

[7] Cherrington JM, Miner R, Hitchcock MJ et al.: Susceptibility of human cytomegalovirus to cidofovir is unchanged after limited in vivo exposure to various regimens of drug. J. Inf. Dis. 173 (1996) 987–992

[8] Chou S, Erice A, Jordan MC et al.: Analysis of the UL97 phosphotransferase coding sequence in clinical cytomegalovirus isolates and identification of mutations conferring ganciclovir resistance. J. Infect. Dis. 171 (1995) 576–583

[9] De Cian W: Cidofovir, a new addition to the available therapies against cytomegalovirus. CMV-Related Immunopathology – Monogr Virol Basel, Editors: Scholz M, Rabenau HF, Doerr HW, Cinatl Jr. J, Karger Verlag 21 (1998) p. 215–28

[10] Dietrich DT, Poles MA, Lew EA, Mendez PE, Murphy R, Addessi A, Holbrook JT, Naughton K, Friedberg DN: Concurrent use of ganciclovir and foscarnet to treat cytomegalovirus infection in AIDS patients. J. Infect. Dis. 167(5) (1993) 1184–1188

[11] Drew WL, Miner RC, Busch DF et al.: Prevalence of resistance in patients receiving ganciclovir for serious cytomegalovirus infection. J. Inf. Dis.163 (1991) 716–719

[12] Drew WL, Miner RC, Saleh E: Antiviral susceptibility of cytomegalovirus: criteria for detecting resistance to antivirals. Clin. Diagn. Virol. 1 (1993) 179–185

[13] Emery VC: Relative importance of cytomegalovirus load as a risk factor for cytomegalovirus disease in the immunocompromised host. CMV-Related Immunopathology – Monogr Virol Basel, Editors: Scholz M, Rabenau HF, Doerr HW, Cinatl Jr. J, Karger Verlag 21 (1998) p. 288–301

[14] Epstein SE, Speir E, Zhou YF et al.: The role of infection in restenosis and atherosclerosis: focus on cytomegalovirus. The. Lancet. 348 (1996) 13–17

[15] Erice A, Chou S, Biron KK et al.: Progressive disease due to ganciclovir-resistant cytomegalovirus in immunocompromised patients. N. Engl. J. Med. 320 (1989) 289–293

[16] Fletcher C, Sawchuk R, Chinnock B, de Mirande P, Balfour Jr. HH: Human pharmacokinetics of the antiviral drug DHPG. Clin. Pharmacol. Ther. 40(3) (1986) 281–286

[17] Gerna B, Baldanti F, Zavattoni M et al.: Monitoring of ganciclovir sensitivity of multiple cytomegalovirus strains coinfecting blood of an AIDS patient by an immediate-early antigen plaque assay. Antiviral. Res. 19 (1992) 333–345

[18] Gibson W: Structure and assembly of the virion. Intervirol. 39 (1996) 389–400

[19] Goodrich JM, Bowden RA, Fisher L et al.: Ganciclovir prophylaxis to prevent cytomegalovirus disease after allogeneic marrow transplant. Ann. Intern. Med. 118 (1993) 173–178

[20] Griffiths PD, Emery VC: Cytomegalovirus. Clinical Virology. Editors: Richman DD, Whitley RJ, Hayden FG, New York, Churchill Livingstone 21 (1997) pp 445–470

[21] Guetta E, Guetta V, Shibutani T, Epstein SE: Monocytes harboring cytomegalovirus: interactions with endothelial cells, smooth muscle cells, and oxidized low-density lipoprotein. Possible mechanisms for activating virus delivered by monocytes to sites of vascular injury. Circ. Res. 81 (1) (1997) 8–16

[22] Harada K, Eizuru Y, Isashiki Y et al.: Genetic analysis of a clinical isolate of human cytomegalovirus exhibiting resistance against both ganciclovir and cidofovir. Arch. Virol. 142 (1997) 215–225

[23] Hendrix MG, Daemen M, Bruggeman CA: Cytomegalovirus acid distribution within the human vascular tree. Am. J. Pathol. 138(3) (1991) 563–567

[24] Hengge UR, Brockmeyer NH, Malessa R, Ravens U, Goos M: Forscarnet penetrates the blood-brain barrier: rationale for therapy of cytomegalovirus encephalitis. Antimicrob. Agents Chemother. 37(5) (1993) 1010–1014

[25] Hill E, Hunter GA, Ellis MN: In vitro and in vivo characterization of herpes simplex virus clinical isolates recovered from patients infected with immunodeficiency virus. Antimicrob. Agents Chemother. 35 (1991) 2322–2328

[26] Jabs DA, Enger C, Dunn JP, Forman M: Cytomegalovirus retinitis and viral resistance: ganciclovir resistance. J. Inf. Dis. 177 (1998) 770–773

[27] Knox KK, Drobyski WR, Carrigan DR: Cytomegalovirus isolate resistant to ganciclovir and foscarnet from a marrow transplant patient. Lancet 337 (1991) 1292–1293

[28] Li L, Nelson JA, Britt WJ: Glycoprotein H-related complexes of human cytomegalovirus: identification of a third protein in the gCIII complex. J. Virol. 71(4) (1997) 3090–3097

[29] Ljungman P, Ellis MN, Hackman RC et al.: Acyclovir-resistant herpes simplex virus causing pneumonia after marrow transplantation. J. Inf. Dis. 162 (1990) 244–248

[30] Manischewitz JF, Quinnan Jr. GV, Lane CH et al.: Synergistic effect of ganciclovir and forscarnet on cytomegalovirus replication in vitro. Antimicrob. Agents. Chemother. 34 (1990) 373–375

[31] Merigan TC, Renlund DG, Keay S et al.: A controlled trial of ganciclovir to prevent cytomegalovirus disease after heart transplantation. N. Engl. J. Med. 326 (1992) 1182–1186

[32] Meyer-König U, Ebert K, Schrage B et al.: Mehrfachinfektion mit verschiedenen Stämmen des humanen Cytomegalovirus bei gesunden Personen. Abstracts der Jahrestagung der Gesellschaft für Virologie, Regensburg. Gesellschaft für Virologie 8 (1998) p13

[33] Meyers JD, Reed EC, Shepp DH et al.: Acyclovir for prevention of cytomegalovirus infection and disease after allogeneic marrow transplantation. N. Engl. J. Med. 318(2) (1988) 70–75

[34] Michelson S: Mechanisms of immunosuppression by human cytomegalovirus. CMV-Related Immunopathology – Monogr Virol Basel, Editors: Scholz M, Rabenau HF, Doerr HW, Cinatl Jr. J, Karger Verlag 21 (1998) p. 12–28

[35] Miller DM, Sedmak DD: Cytomegalovirus persistence: escape from cell-mediated immunosurveillance. CMV-Related Immunopathology – Monogr Virol Basel, Editors: Scholz M, Rabenau HF, Doerr HW, Cinatl Jr. J, Karger Verlag 21 (1998). p. 1–11

[36] Mocarski ES: Cytomegaloviruses and their replication. Virology, Editors: Fields BN, Knipe DM, Howley PM, 3rd ed., Philadelphia,: Lippincott-Raven 76 (1996) p. 2447–92

[37] Monte PD, Lazzarotto T, Ripalti A, Landini MP: Human cytomegalovirus infection: a complex diagnostic problem in which molecular biology has induced a rapid evolution. Intervirol. 39(3) (1996) 193–203

[38] Parris DS, Harrington JE: Herpes simplex virus variants resistant to high concentrations of acyclovir exist in clinical isolates. Antimicrob. Agents Chemother. 22 (1982) 71–77

[39] Perez J: Resistance to antivirals in human cytomegalovirus: mechanisms and clinical significance. Microbiologia SEM 133 (1997) 43–52

[40] Piketty C, Bardin C, Gilquin J, Mahe V, Kazatchkine MD, Chast F: Low plasma concentrations achieved with conventional schedules of administration of ganciclovir in patients with AIDS. J. Infect. Dis. 174(1) (1996) 188–190

[41] Rath B: Übersicht zur Pathogenese, Diagnostik und Therapie der CMV-Infektion. Infektionsepidemiol. Forschung RKI Info (IV97) (1997) 12–23

[42] Revello MG, Percivalle E, Di Matteo A, Morini F, Gerna G:. Nuclear expression of the lower matrix protein of human cytomegalovirus in peripheral blood leukocytes of immunocompromised viraemic patients. J. Gen. Virol. 73(2) (1992) 437–442

[43] Salzberger B, Franzen C, Cornely O, Fätkenheuer G: Prognostischer Wert der quantiativen CMV-PCR und des CMV-pp65-Antigens. Infektionsepidemiol. Forschung RKI Sonderheft (A/97) (1997) 3–4

[44] Schäfer P, Laufs R: Experience with quantitative PCR for the management of HCMV disease. Intervirol. 39 (1996) 204–212

[45] Schoppel K, Kropff B, Schmidt C et al.: The humoral immune response against human cytomegalovirus is characterized by a delayed synthesis of glycoprotein-specific antibodies. J. Inf. Dis. 175(3) (1997) 533–544

[46] Sinclair J, Sissons P: Latent and persistent infections of monocytes and macrophages. Intervirol. 39 (1996) 239–301

[47] Sinzger C, Jahn G: Human cytomegalovirus cell tropism and pathogenesis. Intervirol. 39 (1996) 302–319

[48] Sinzger C, Plachter B, Stenglein S, Jahn G: Immunohistochemical detection of viral antigens in smooth muscle, stromal, and epithelial cells from acute human cytomegalovirus gastritis. J. Infect. Dis.167(6) (1993) 1427–1432

[49] Spector SA, McKinley GF, Lalezari JP, Samo T, Andruczk R, Follansbee S, Sparti PD, Havlir DV, Simpson G, Buhles W et al.: Oral ganciclovir for the prevention of cytomegalovirus disease in persons with AIDS. Roche cooperative oral ganciclovir study group. N. Engl. J. Med. 334(23) (1996) 1491–1497

[50] Stoehr A, Salzberger B, Knospe V: Halbdosis-Kombinationstherapie der CMV-Retinitis mit Ganciclovir und Foscarnet versus Monotherapie mit Ganciclovir – eine kontrollierte randomisierte Studie. Abstracts des 6. Deutschen AIDS-Kongresses, München (1996) V143

[51] Tatarowicz WA, Lurain NS, Thompson KD: A ganciclovir-resistant clinical isolate of human cytomegalovirus exhibiting cross-resistance to other DNA polymerase inhibitors. J. Infect. Dis. 166 (1992) 904–907

[52] The Oral Ganciclovir European and Australian Cooperative Study Group. Intravenous versus oral ganciclovir: European/Australian comparative study of efficacy and safety in the prevention of cytomegalovirus retinitis recurrence in patients with AIDS. AIDS 9(5) (1995) 471–477

[53] Topilko A, Michelson S: Morphological and cytochemical analysis of human cytomegalovirus inoculum: correlation of free particles in inoculum with counterparts in infected cells. Res. Virol.14 (1994) 565–573

[54] van der Bij W, Torensma R, Van Son WJ, Anema J, Schirm J, Tegzess AM, The TH: Rapid immunodiagnosis of active cytomegalovirus infection by monoclonal antibody staining of blood leucocytes. J. Med. Virol. 25(2) (1988) 179–188

[55] Vochem M, Hamprecht K, Jahn G: Transmission of cytomegalovirus to preterm infants through breast milk. Pedriatr. Infect. Dis. 17(1) (1998) 53–58

[56] Vossen RC, van Dam-Mieras MC, Bruggeman CA: Cytomegalovirus infection and vessel wall pathology. Intervirol. 39(3) (1996) 213–221

[57] Waldman WJ, Knight DA, Huang EH et al.: Bidirectional transmission of infectious cytomegalovirus between monocytes and vascular endothelial cells: an in vitro model. J. Infect. Dis. 171 (1995) 263–272

[58] Wing BA, Johnson RA, Huang ES: Indentification of positive and negative regulatory regions involved in regulating expression of the human cytomegalovirus UL94 late promotor: role of IE2–86 and cellular p53 in mediating negative regulatory function. J. Virol. 72(3) (1998) 1814–1825

[59] Winston DJ, Ho WG, Bartoni K et al.: Ganciclovir prophylaxis of cytomegalovirus infection and disease in allogeneic bone marrow transplant recipients. Ann. Intern. Med. 118 (1993) 179–184

[60] Wolf DG, Yaniv I, Honigman A, Kassis I, Schonfeld T, Ashkenazi S: Early emergence of ganciclovir-resistant human cytomegalovirus strains in children with primary combined immunodeficiency. J. Inf. Dis. 178 (1998) 535–538

[61] Zimmermann A, Michel D, Mertens T: Drug resistance and the UL97 gene of human cytomegalovirus. CMV-Related Immunopathology – Monogr Virol Basel, Editors: Scholz M, Rabenau HF, Doerr HW, Cinatl Jr. J, Karger Verlag 21 (1998) p. 180–192

Diagnostik von CMV-Erkrankungen bei HIV und AIDS

Bernd Salzberger, Caspar Franzen, Oliver Cornely, Gerd Fätkenheuer

Die Bedeutung und Notwendigkeit einer schnellen und zuverlässigen Diagnostik von Cytomegalievirus(CMV)-Erkrankungen bei HIV-infizierten und anderen immunkompromittierten Patienten sind leicht ersichtlich: Diese Erkrankungen können rasch verlaufen, wichtige Organfunktionen irreparabel schädigen und sogar lebensbedrohlich sein. Allerdings sind die bei nicht immundefizienten Patienten etablierten Verfahren zur Diagnostik in dieser Situation wenig brauchbar. So sind die klassischen serologischen Verfahren – positives IgM, Neuauftreten oder Anstieg des IgG – sämtlich wenig spezifisch und sensitiv, da bei nahezu allen Patienten die Erkrankung durch eine Reaktivierung einer früher erworbenen latenten Infektion verursacht wird. Dagegen ist der CMV-Nachweis mittels Kultur zwar sensitiv, aber oft langwierig und wenig spezifisch. Der Nachweis der pathognomonischen histologischen Veränderungen als dritte der klassischen Methoden ist bei Organmanifestationen wiederum sehr spezifisch, aber aufgrund der häufig unregelmäßigen und spärlichen Verteilung solcher Läsionen wenig sensitiv in der Diagnostik.

Die unbefriedigenden Eigenschaften der klassischen diagnostischen Verfahren für immunsupprimierte Patienten haben in den letzten Jahren zur Entwicklung und Evaluierung neuer Verfahren zur Diagnostik der CMV-Er-

Tabelle 1: Diagnostische Methoden bei verschiedenen CMV-Erkrankungen. Sensitivität/Spezifität jeweils bewertet mit unbrauchbar (-), brauchbar (+), gut (++), Methode der Wahl (+++), es liegen ungenügende/wenige Daten vor (?).

Test	CMV-Replikation	Retinitis	gastrointestinale Erkrankungen	ZNS-Erkrankungen	andere Erkrankungen
Serologie	–/–	–/–	–/–	–/–	–/–
Kultur (inkl. shell-vial-Kult.)					
Urin	++/++	–/+	++/+	+/++	+?/+?
Blut	++/++	–/+	++/+		+?/+?
klin. Material	+/+*	+/++			+?/+?*
Histologie	?/?	–	+/+++	?/+++	?/+++
Immunhistologie	+?/+?**	–	++/++	?/++	+?/+?
In-situ-Hybrid.	+?/+?**	–	++/++	?/++	+?/+?
pp65-Antigen	+++/+++	++/++	++/++	+/+	+?/+?
CMV-PCR					
Blut	+++/+++	++/++	++/++	+/+	+?/+?
klin. Material		+++/++?	+++/++	+++/++?	+?/+?

* häufig bei *Pneumocystis carinii* positive Kultur in der BAL ohne Krankheitswert
** z. B. Zufallsbefund bei Untersuchung gastrointestinaler Biopsien

krankungen geführt (Tab. 1). Dies sind unter anderem immunhistologische Methoden, der Nachweis des pp65-Antigens in peripherem Blut und die PCR aus verschiedenen klinischen Proben, neuerdings auch mit quantitativer Bewertung der Ergebnisse. Die älteren und neueren Methoden sollen hier in ihrer Anwendung und Bedeutung bei CMV-Manifestationen im Rahmen der HIV-Infektion dargestellt werden.

Hierbei muß man immer zwischen einer CMV-Erkrankung und einer reinen CMV-Replikation unterscheiden. Zur Diagnose einer CMV-Erkrankung gehört neben dem Nachweis der CMV-Replikation das entsprechende klinische Bild (der Retinitis, der gastrointestinalen Entzündung usw.).

Methoden

Serologie

Nachgewiesen werden können Antikörper der IgG- und IgM-Klassen mittels ELISA (IgG und IgM) oder RIA (IgG), KBR und diverser älterer Tests. Die Serologie eignet sich gut zum Nachweis einer bereits durchgemachten oder einer frisch erfolgten Infektion. Der Nachweis von IgM oder eines Titeranstiegs des IgG ist bei HIV-infizierten Patienten weder sensitiv noch spezifisch für CMV-Erkrankungen [15].

Viruskultur

CMV kann aus Urin, Blut (buffy coat) und verschiedenen klinischen Materialien (Biopsien, broncho-alveoläre Lavage = BAL) isoliert werden. Die Kultur erfolgt auf Fibroblasten, die nach einsetzender Replikation von CMV einen typischen zytopathischen Effekt aufweisen. Der kulturelle Nachweis kann bis zu drei Wochen benötigen [14].

Die Kultur aus klinischen Materialien ist sehr sensitiv und nicht vollständig spezifisch für das Vorhandensein einer CMV-Erkrankung. So ist beispielsweise die Isolierung aus Blut oder Urin auch bei asymptomatischen HIV-infizierten Patienten oft positiv, und selbst eine Isolierung von CMV aus der BAL zeigt nicht sicher eine CMV-Pneumonie bei HIV-infizierten Patienten an [6, 23]. Die heute wichtigste

Indikation zur zeit- und arbeitsaufwendigen Kultur ist die Anzüchtung von Stämmen, die auf eine virustatische Therapie nicht reagieren. Hier können dann durch weitere Untersuchungen mögliche Resistenzen geprüft werden.

Eine Sonderform der Kultur ist das Schnellkulturverfahren (sog. Shell-vial-Methode) mit Antigennachweis. Hier wird eine klinische Probe durch Zentrifugation auf eine einschichtige Zellkultur aufgebracht. Dadurch wird die produktive Infektion dieser Zellen deutlich beschleunigt. Nach 24 oder 48 Stunden kann dann durch fluoreszierende Antikörper gegen „Immediate Early Antigen" von CMV eine beginnende Replikation nachgewiesen werden. Dies ist eine zwar aufwendige, aber sehr sensitive und schnelle Methode zum CMV-Nachweis. Beide Methoden sind allerdings bei HIV-infizierten Patienten wegen der mangelnden Spezifität (häufig positiv bei asymptomatischen Patienten) sehr kritisch einzusetzen [23].

Histologie

Der Nachweis typischer Eulenaugenzellen in histologischen oder zytologischen Präparaten ist pathognomonisch bei CMV-Erkrankungen und deshalb sehr spezifisch. Allerdings kann die Histologie auch negativ ausfallen (unspezifische Veränderungen oder weniger pathognomonische Veränderungen) – trotz Entnahme mehrerer Biospien aus dem befallenen Organ [17]. Die histologischen Veränderungen können auch bei ausgedehnten funktionellen Veränderungen gering ausgeprägt sein und so durch Biopsien verfehlt werden. Aus diesem Grund ist die histologische Untersuchung nicht sehr sensitiv und muß häufig durch andere Verfahren ergänzt werden.

Immunzytologie und -histologie, In-situ-Hybridisierung

Immunzytologie, -histologie und die In-situ-Hybridisierung ermöglichen zusätzlich zur mikroskopischen Untersuchung von Gewebsveränderungen den Nachweis von Virusantigenen oder Virus-DNA. Diese Methoden erhöhen damit die Sensitivität der histologischen Untersuchung deutlich. In der Regel sind mit diesen Methoden bis zu dreimal mehr CMV-infizierte Zellen zu entdecken als mit der Routinehistologie [18], womit die Sensitivität erhöht wird. Die Spezifität der Untersuchung bleibt dabei hoch.

Nachteil der histologischen oder zytologischen Verfahren bleibt die Notwendigkeit einer invasiven Untersuchung zur Biopsieentnahme. Diese ist jedoch in vielen Fällen auch zur differentialdiagnostischen Abklärung unumgänglich.

Antigennachweis

Der Nachweis des pp65-Antigens (früher: Early-Antigen-Nachweis) aus peripheren Blutgranulozyten wurde zuerst bei nierentransplantierten Patienten beschrieben. Bei dieser Methode werden Granulozyten aus peripherem Blut isoliert, als Cytospin-Präparate aufgearbeitet und mit Antikörpern gegen das CMV-pp65-Protein inkubiert. Dieses wird dann mittels Fluoreszenz oder Immunperoxidase/APAAP sichtbar gemacht [22]. Diese Methode kann auch quantitativ ausgewertet werden. Vorteile der Methode sind die einfache Durchführbarkeit – die notwendigen Substanzen sind in jedem zytologischen Labor vorhanden – und die einfache Auswertbarkeit. Nachteil ist der relativ hohe Arbeitsaufwand (rund zwei Stunden pro Ansatz), der eine Rentabilität erst bei regelmäßigen Untersuchungen höherer Probenzahlen verspricht.

Inzwischen ist diese Methode bei knochenmark- und organtransplantierten sowie bei HIV-infizierten Patienten als

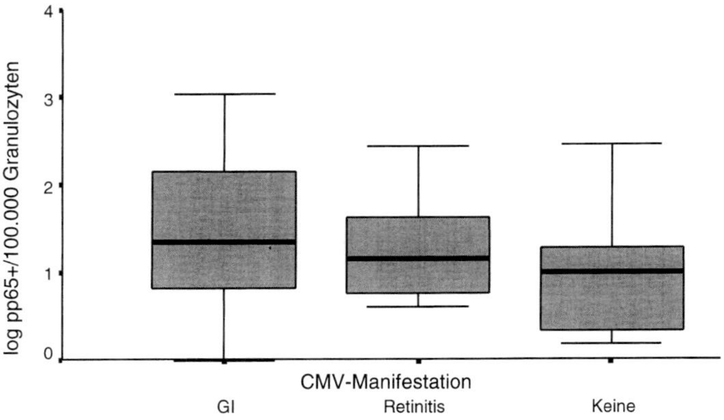

Abbildung 1: Quantitativer Nachweis des pp65-Antigens bei verschiedenen CMV-Manifestationen (logarithmische Skala, querer Balken kennzeichnet den Median der Werte, die Grenzen des Rechtecks sind 25% und 75% Quantile, die 95% Quantile werden durch die obersten und unteren Balken angezeigt)

diagnostischer Marker evaluiert worden [2, 3, 11, 20]. Der Nachweis des pp65-Antigens ist nicht vollständig spezifisch für CMV-Erkrankungen, er ist positiv bei aktiver Replikation von CMV. Allerdings ist vor allem bei HIV-infizierten Patienten die Spezifität dieser Methode für CMV-Erkrankungen mit ungefähr 90% hoch – bei gleichzeitig guter Sensitivität (≈ 90%). Quantitativ sind gastrointestinale Erkrankungen mit höherem Antigennachweis verbunden als Retinitiden oder CMV-Infektionen ohne Organmanifestationen. Jedoch kommen auch Organerkrankungen mit nur geringem positiven Antigennachweis vor, so daß kein Wert als diskriminierend zwischen Erkrankung und nur Replikation identifiziert werden kann (Abb. 1).

PCR und verwandte Methoden

Die Polymerase-Chain-Reaction (PCR) kann heute aus nahezu jedem klinischen Material zum Nachweis der CMV-

DNA oder auch -RNA angewandt werden. Am häufigsten wird die Methode zum Nachweis von CMV-DNA aus peripherem Blut (Vollblut oder Plasma) verwendet. Hiermit kann mit ähnlicher Sensitivität wie für den pp65 Antigennachweis eine aktive Replikation von CMV nachgewiesen werden [10, 21]. Ebenso sind Sensitivität und Spezifität der Methode vergleichbar dem Antigentest bei aktiven CMV-Erkrankungen. Bei longitudinaler Untersuchung einzelner Patienten (z.B. nach Knochenmarktransplantation) ist bisher auch kein eindeutiger Vorteil der einen oder anderen Methode zu erkennen. Beide Verfahren sprechen zeitlich ungefähr gleich rasch auf eine Replikation an [4].

Ebenso wie der pp65-Antigentest wird von verschiedenen Arbeitsgruppen die PCR in verschiedenen Modifikationen durchgeführt. Standardisierte Verfahren sind mittlerweile kommerziell erhältlich. Allerdings müssen bei jeder Modifikation dieses Tests die diagnostischen Parameter (Nachweisgrenze, angegeben z.B. auf Kopienzahl pro ml Vollblut) einzeln berücksichtigt werden.

Der Nachweis von CMV-DNA kann außerdem aus Biopsien mit einer deutlich höheren Sensitivität als mit allen anderen Methoden geführt werden [7]. Insgesamt ist der Vorteil der Methode vor allem die hohe Sensitivität bei zunehmend einfacherer bis hin zu automatischer Probenaufarbeitung.

Noch spezifischer als der DNA-Nachweis ist der von CMV-RNA. Dieser ist allerdings technisch sehr aufwendig und deshalb als Routinemethode nicht etabliert.

In letzter Zeit sind zusätzlich eine quantitative CMV-DNA-PCR sowie ein ebenfalls quantitativer DNA-Nachweis mit der sogenannten Hybrid-Capture-Methode eingeführt worden [5, 16]. Beide Methoden zeigen eine hohe Sensitivität und könnten sich als hilfreich erweisen in der Therapiesteuerung und auch in der Überwachung von Patienten mit hohem Risiko einer CMV-Erkrankung (ggfs. zur

Steuerung einer präemptiven Therapie oder Prophylaxe). Endgültige klinische Daten liegen hierzu jedoch noch nicht vor.

CMV-Manifestationen

CMV-Replikation

Eine CMV-Replikation muß definitionsgemäß von CMV-Erkrankungen abgegrenzt werden. Dies ist sicherlich klinisch ein erhebliches Problem und nicht immer vollständig zu klären. Die Diagnostik der CMV-Replikation selbst ist zur Zeit vor allem für wissenschaftliche Fragestellungen von Bedeutung. Ein Nachweis der Replikation könnte eine wichtige Indikation zu einer prophylaktischen Therapie der CMV-Erkrankungen in Analogie zu knochenmarktransplantierten Patienten darstellen [3]. Allerdings sind bisher die zeitlichen Abläufe zwischen erster Replikation und Erkrankung unklar und auch, ob diese Replikation systemisch oder lokal abläuft. Ferner besteht ein quantitativer Zusammenhang zwischen Replikation und Erkrankungsrisiko [3].

Der Nachweis einer CMV-Replikation ist oft ein Zufallsbefund und kann durch Urinkultur, Blutkultur, Kultur aus der BAL, Nachweis des pp65-Antigens und CMV-DNA gestellt werden. Es ist z.B. bekannt, daß bei positiver Blutkultur ein höheres Erkrankungsrisiko besteht als bei positiver Urinkultur. Allerdings kann bisher aus den vorliegenden Daten nicht abgeleitet werden, welcher dieser Marker sich für die Entscheidung zur prophylaktischen Therapie am besten eignet. Longitudinale Untersuchungen mit quantitativen Methoden werden diese Frage möglicherweise klären [5,19].

CMV-Retinitis

Die Diagnose der CMV-Retinitis wird in aller Regel initial klinisch gestellt. Bei entsprechendem klinischen Verdacht sollte eine virustatische Therapie sofort empirisch begonnen werden. Die Methoden, die klinisch in dieser Situation eine Rolle spielen, sind Nachweis des pp65-Antigens sowie PCR aus Serum bzw. selten aus der Kammerwasserflüssigkeit. Der Nachweis des pp65-Antigens oder der CMV-DNA aus Blut gelingt nicht bei allen Patienten mit CMV-Retinitis (nur in ca. 70% der Fälle) [5]. Deshalb kann bei negativem Testergebnis nicht auf das Nichtvorhandensein einer CMV-Retinitis geschlossen werden. Möglicherweise ist bei den betreffenden Patienten keine oder nur eine auf niedrigem Niveau ablaufende systemische Replikation von CMV vorhanden.

Der Nachweis von CMV mittels Kammerwasserpunktion ist sicherlich nicht sinnvoll und notwendig zur Initialdiagnose oder Begründung der Therapie. Die Kammerwasserpunktion bleibt differentialdiagnostisch unklaren Fällen oder Verläufen vorbehalten [1].

CMV-Gastroenteritis/Kolitis

Die Diagnose einer gastrointestinalen CMV-Erkrankung wird endoskopisch gestellt. Zur Diagnose gehören entsprechende Schleimhautläsionen (makroskopische Entzündungszeichen bis zu Ulzerationen) und der Nachweis von CMV aus dem entsprechenden Organ [8, 13]. Hierzu dienen die Histologie, bei nicht diagnostischem, zweifelhaftem oder negativem mikroskopischen Befund der zusätzliche Antigen- oder DNA-Nachweis mittels Immunhistologie, In-situ-Hybridisierung oder PCR [7, 18]. Außerdem ist in dieser Situation der Nachweis der systemischen CMV-Replikation mittels Antigentest oder DNA-PCR sensitiv und spezifisch [2, 20].

ZNS-Erkrankungen

Die durch CMV verursachten Erkrankungen des zentralen Nervensystems sind sämtlich diagnostisch oft schwer zugänglich. Bioptische Verfahren sind hier nicht als primär sinnvoll anzusehen. Der Nachweis von pp65-Antigen aus Liquorzellen gelingt nur unregelmäßig, erst die Entwicklung der PCR hat hier die Möglichkeit einer nicht-invasiven Diagnosestellung geschaffen. Für die CMV-Erkrankungen des zentralen Nervensystems stellt die PCR aus dem Liquor die sensitivste Diagnosemethode dar. In vielen Fällen ist sie die einzige Möglichkeit, die Diagnose zu stellen [12]. Bei allen unklaren ZNS-Syndromen HIV-infizierter Patienten sollte eine CMV-PCR aus dem Liquor zumindest bedacht werden.

CMV-Pneumonie und andere Erkrankungen

CMV-Pneumonien gehören bei HIV-infizierten Patienten zu den selteneren Manifestationen dieses Virus [9]. Der alleinige Nachweis des Virus aus der BAL ist keine Indikation zur Einleitung einer Therapie, vor allem nicht bei gleichzeitigem Nachweis von *Pneumocystis carinii* [6]. Das Problem eines CMV-Nachweises aus BAL oder auch Lungenbiopsien ist daher weniger ein Problem der Sensitivität als der Spezifität. Dennoch kann in Einzelfällen bei seltenen Organmanifestationen der CMV-Infektion (Adrenalitis, Pankreatitis, Hepatitis, Cholangitis, Myokarditis) der Nachweis des pp65-Antigens oder der CMV-DNA im Blut hilfreich sein. Wegen der Seltenheit dieser Manifestationen sind Daten zur Sensitivität und Spezifität der Methoden in diesen Situationen nicht vorhanden.

Zusammenfassung

Die neu entwickelten Methoden in der CMV-Diagnostik (pp65-Antigennachweis und PCR aus peripherem Blut) haben sich als sensitiv und spezifisch in der Diagnostik von CMV-Erkrankungen bei HIV-infizierten Patienten erwiesen. Bezüglich der diagnostischen Aussage gibt es keinen zu erkennenden Vorteil der einen oder anderen Methode. Beide sind nicht-invasiv und liefern die Ergebnisse nach wenigen Stunden. Dadurch wird die Diagnostik sicherer und erheblich schneller. Vereinfachungen der Probenaufbereitung und die einfachere -aufbewahrung lassen für die Zukunft einen Vorteil für die PCR erkennen.

Der Nachweis der CMV-DNA mittels PCR aus dem Liquor ist der diagnostische Test der Wahl bei ZNS-Manifestationen durch CMV. Der Nachweis von CMV-RNA sowie der DNA aus anderen klinischen Proben bleibt Einzelfällen oder wissenschaftlichen Fragestellungen vorbehalten.

Auf kulturelle Methoden kann nicht verzichtet werden. Sie dienen vor allem der weiteren Charakterisierung einer möglichen Resistenz auf verwandte Virustatika.

Eine Quantifizierung (Bestimmung der „Viral Load“) der CMV-DNA oder des CMV-Antigens ist möglich und befindet sich in der klinischen Erprobung. Sie hat sich in ersten Versuchen als vielversprechend für die Therapiesteuerung erwiesen. Der endgültige Stellenwert dieser Methoden ist jedoch noch unklar. Nach den bisher vorliegenden Daten gibt es keine sichere Grenze der Quantifizierung zwischen Erkrankung und Replikation, wenn auch in der Regel bei Erkrankungen höhere Werte gefunden werden.

Trotz der Verbesserung und Erleichterung, die diese Methoden gebracht haben, ist die Diagnostik von CMV-Erkrankungen weiterhin nicht in allen Fällen zufriedenstellend. So können vor allem Retinitiden ohne gleichzeitige systemische Replikation verlaufen. Es existieren weder ein „perfekter“ Test für alle klinischen Situationen noch ein Test mit einem negativen prädiktiven Wert von 100%. Dies muß bei allen therapeutischen Entscheidungen berücksichtigt werden.

Literatur

[1] Abe T, Tsuchida K, Tamai M: A comparative study of the polymerase chain reaction and local antibody production in acute retinal necrosis syndrome and cytomegalovirus retinitis. Graefe's Archive for Clinical and Experimental Ophthalmology 234 (1996) 419-424

[2] Bek B, Boeckh M, Lepenies J et al.: High-level sensitivity of quantitative pp65 cytomegalovirus (CMV antigenemia assay for diagnosis of CMV disease in AIDS patients and follow-up. J. Clin. Microbiol. 34 (1996) 457-459

[3] Boeckh M, Bowden RA, Goodrich JM, Pettinger M, Meyers J.D.: Cytomegalovirus antigen detection in peripheral blood leukocytes after allogeneic marrow transplantation. Blood 80 (1992) 1358-1364

[4] Boeckh M, Gooley TA, Myerson D, Cunningham T, Schoch G, Bowden RA: Cytomegalovirus pp65 antigenemia-guided early treatment with ganciclovir versus ganciclovir at engraftment after allogeneic marrow transplantation - a randomized double-blind study. Blood (1996) in press

[5] Bowen EF, Wilson P, Cope A et al.: Cytomegalovirus retinitis in AIDS patients: influence of cytomegalovirus load on response to ganciclovir, time to recurrence and survival. AIDS 10 (1996) 1515-1520

[6] Bozzette SA, Arcia J, Bartok AE et al.: The impact of concomitant viral pathogens on the course of Pneumocystis carinii pneumonia. J. Protozoology 38 (1991) 183S-184S

[7] Cotte L, Drouet E, Bissuel F, Denoyel GA, Trepo C: Diagnostic value of amplification of human cytomegalovirus DNA from gastrointestinal biopsies from human immunodeficiency virus-infected patients. J. Clin. Microbiol. 31 (1993) 2066-2069

[8] Dieterich DT, Rahmin M: Cytomegalovirus colitis in AIDS: presentation in 44 patients and a review of the literature. J. Acquired Immune Defic. Syndr. 4 (1991) S29-35

[9] Gallant JE, Moore RD, Richman DD, Keruly J, Chaisson RE: Incidence and natural history of cytomegalovirus disease in patients with advanced human immunodeficiency virus disease treated with zidovudine. The Zidovudine Epidemiology Study Group. J.Infect. Dis. 166 (1992) 1223-1227

[10] Gerna G, Revello MG, Percivalle E, Zavattoni M, Parea M, Battaglia M: Quantification of human cytomegalovirus viremia by using monoclonal antibodies to different viral proteins. J. Clin. Microbiol. 28 (1990) 2681-2688

[11] Gerna G, Zipeto D, Parea M et al.: Early virus isolation, early structural antigen detection and DNA amplification by the polymerase chain reaction in polymorphonuclear leukocytes from AIDS patients with human cytomegalovirus viraemia. Molecular & Cellular Probes 5 (1991) 365-374

[12] Gozlan J, Salord JM, Roullet E et al.: Rapid detection of cytomegalovirus DNA in cerebrospinal fluid of AIDS patients with neurologic disorders. J. Infect. Dis. 166 (1992) 1416-1421

[13] Heise W, Mostertz P, Arastéh K et al.: Gastrointestinale Zytomegalievirus-Manifestationen bei AIDS. Zschr. Gastroenterologie 27 (1989) 725-730

[14] Ho M: „Cytomegalovirus". In GL Mandell, JE Bennett, R Dolin (eds.): Principles and Practice of Infectious Diseases, vol. 2, 1351-1363. Churchill-Livingstone. New York, 1995

[15] Lazzarotto T, Dal Monte P, Boccuni MC, Ripalti A, Landini MP: Lack of correlation between virus detection and serologic tests for diagnosis of active cytomegalovirus infection in patients with AIDS. J. Clin. Microbiol. 30 (1992) 1027-1029

[16] Mazzulli T, Wood S, Chua R, Walmsley S: Evaluation of the digene hybrid capture system for detection and quantification of human cytomegalovirus viremia in Human Immunodeficiency Virus-infected patients. J. Clin. Microbiol. 34 (1996) 2959-2962

[17] Myerson D, Hackman RC, Nelson JA, Ward DC, McDougall JK: Widespread presence of histologically occult cytomegalovirus. Human Pathology 15 (1984) 430-439

[18] Niedobitek G, Finn T, Herbst H et al.: Detection of cytomegalovirus by in situ hybridisation and immunohistochemistry using new monoclonal antibody CCH2: a comparison of methods. J. Clin. Pathology 41 (1988) 1005-1009

[19] Rasmussen L, Morris S, Zipeto D et al.: Quantitation of human cytomegalovirus DNA from peripheral blood cells of human immunodeficiency virus-infected patients could predict cytomegalovirus retinitis. J. Infect. Dis. 171 (1995) 177-182

[20] Salzberger B, Franzen C, Fätkenheuer G et al.: CMV-antigenemia in peripheral blood for the diagnosis of CMV disease in HIV-infected patients. J. Acquired Immune Defic. Syndr. Hum. Retrovirol. 11 (1996) 365-369

[21] Spector SA, Merrill R, Wolf D, Dankner WM: Detection of human cytomegalovirus in plasma of AIDS patients during acute visceral disease by DNA amplification. J. Clin. Microbiol. 30 (1992) 2359-2365

[22] van der Bij W, Torensma R, van Son WJ et al.: Rapid immunodiagnosis

of active cytomegalovirus infection by monoclonal antibody staining of blood leukocytes. J. Med. Virol. 25 (1988) 179-188

[23] Zurlo JJ, O'Neill D, Polis MA et al.: Lack of clinical utility of cytomegalovirus blood and urine cultures in patients with HIV infection. Ann. Intern. Med. 118 (1993) 12-17

Die Cytomegalievirus(CMV)-Retinitis

PETER KAULEN

Die CMV-Retinitis tritt mit erhöhter Wahrscheinlichkeit bei Helferzellzahlen unter 100/µl auf. Früher war die CMV-Retinitis ein ausgesprochen seltenes Krankheitsbild, das nach Organtransplantationen und immunsuppressiver Therapie auftrat. Heute stellt die CMV-Retinitis im Rahmen der HIV-Infektion die weitaus häufigste opportunistische Infektion am Auge dar. Aufgrund der zunehmenden Überlebenszeit der Patienten kann die Erkrankung gelegentlich als Erstmanifestation von AIDS auftreten. Vor Einführung der hochaktiven antiretroviralen Kombinationstherapie betrug die Prävalenz der CMV-Retinitis ca. 10% im ersten Jahr nach Absinken der Helferzellzahl unter 100/µl und lag im zweiten bis vierten Jahr bei 20 bis 25 %. Die Inzidenz betrug ca. 5 bis 10% pro sechs Monate. Unter den derzeit verfügbaren antiretroviralen Kombinationstherapien ist die Häufigkeit dieser Infektion deutlich zurückgegangen.

Zur Klinik

Die Erkrankung beginnt häufig einseitig und wird gelegentlich im Rahmen einer augenärztlichen Kontrolluntersuchung entdeckt, ohne daß der Patient im Frühstadium Beschwerden hat. Ist die Retinitis weiter ausgedehnt, so werden insbesondere „fliegende Mücken“ (Glaskörperinfiltrate), Schatten und Flecken (Skotome) und verschwommenes Sehen (Glaskörpertrübungen, Iritis) als Symptome angegeben. Schmerzen oder eine konjunktivale Injektion treten nicht auf.

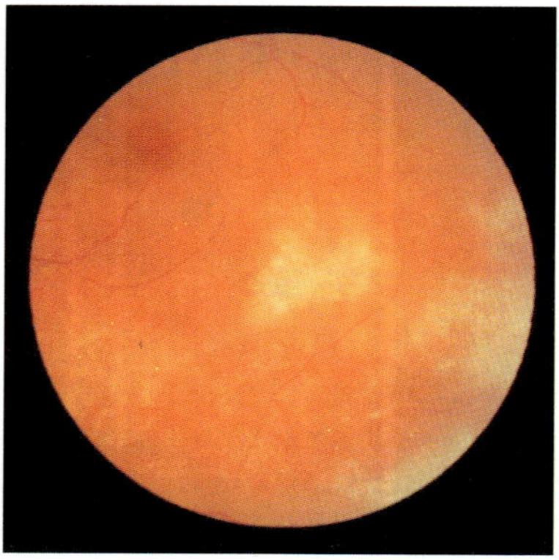

Abbildung 1: CMV-Retinitis vom nicht-hämorrhagischen Typ mit zwischen den größeren Gefäßen gelegenen unscharfen, granulierten Läsionen. Diese Form der CMV-Retinitis beginnt meist in der äußeren Peripherie der Netzhaut und weist keine oder nur vereinzelte Blutungen auf. Etwa zwei Drittel aller CMV-Retinitiden entsprechen diesem Erscheinungsbild.

Spaltlampenmikroskopisch sind feinste Endothelbeschläge, eine Endotheliitis sowie eine geringe zelluläre Infiltration des Glaskörpers zu erkennen. Glaskörpertrübungen sind sehr selten; sie können aber in Kombination mit einer begleitenden Iritis vorkommen, was differentialdiagnostisch zu Problemen führen kann (Abgrenzung zur Toxoplasmose).

Ophthalmoskopisch zeigt sich in zwei Dritteln der Fälle eine meist peripher gelegene granuläre Läsion mit weichen, kontrastarmen Exsudaten in den Randzonen zur intakten

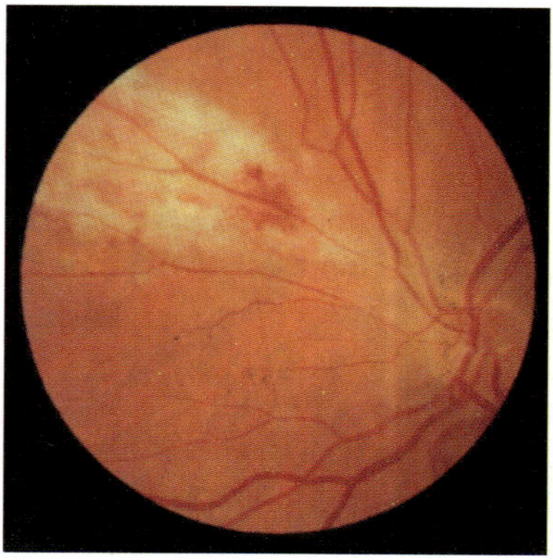

Abbildung 2: Exsudative, hämorrhagische Form der CMV-Retinitis im Verlauf der großen Gefäßbögen. Kennzeichnend sind die massiven Exsudationen und Blutungen, die bei etwa einem Drittel aller Retinitiden zu finden sind.

Abbildung 3: CMV-Retinitis vom exsudativ-hämorrhagischen Typ, die Papille miteinbeziehend (CMV-Papillitis)

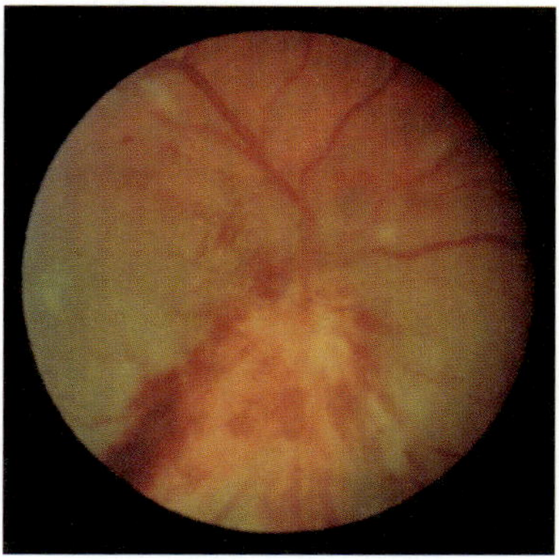

Netzhaut (Abb. 1). Es treten keine oder wenig Blutungen auf, und die Läsionen sind häufig zwischen größeren Gefäßen lokalisiert. Bisweilen ragen sie segmentförmig von peripher nach zentral über wenige Uhrzeiten der retinalen Zirkumferenz. Dagegen zeigt nur etwa ein Drittel der betroffenen Patienten das meist als typisch dargestellt Bild der CMV-Retinitis mit massiven Exsudaten und Blutungen (Abb. 2). Hierbei liegt die Läsion häufig parallel zu oder im Bereich der großen Gefäßarkaden und bezieht nicht selten die Papille mit ein (Abb. 3). Im Gesichtsfeld liegen vollstän-

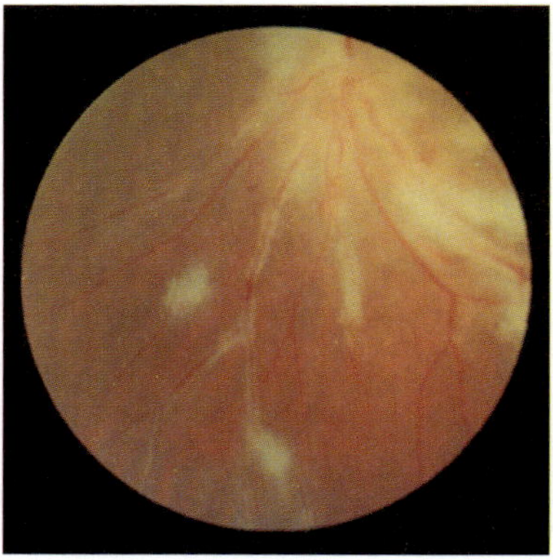

Abbildung 4: Seltene Form der CMV-Retinitis mit Gefäßeinscheidungen und überwiegend nicht-hämorrhagischen, granulierten Exsudaten parallel zu den Gefäßbögen, die dem Bild „eingefrorener Gefäße" ähneln.

dige Skotome im korrespondierenden Areal vor; die Fluoreszensangiographie zeigt massive Farbstoffaustritte.

Eine seltene Erscheinungsform der CMV-Retinitis stellt die Kombination mit einer ausgeprägten Periphlebitis dar, die der ideopathischen „acute frosted retinal periphlebitis" ähnelt (Abb. 4). Die englische Bezeichnung rührt vom Befund der massiven Gefäßeinscheidungen her, ähnlich „eingefrorenen Gefäßen", die vermutlich durch eine verstärkte Immunantwort auf das CMV-Antigen zustande kommen [10]. Alle Erscheinungsformen der CMV-Retinitis führen ohne Therapie zur vollständigen Erblindung.

Therapiemöglichkeiten

Es stehen mehrere Medikamente zur Verfügung, die eine akute CMV-Retinitis ins Narbenstadium überführen können (siehe Tab. 1, 2 und 3). Alle diese Substanzen wirken virustatisch; d.h. nach ihrem Absetzen kommt es in 100% der Fälle zum Rezidiv. Daher muß lebenslang eine adäquate Therapie durchgeführt werden [13]. Die Medikamente können systemisch entweder intravenös (Ganciclovir, Foscarnet, Cidofovir), oral (Ganciclovir) oder lokal intravitreal (Ganciclovir, Foscarnet) appliziert werden.

Die Substanzen

Ganciclovir

Seit 1987 ist Ganciclovir (DHPG, 9-[1,3-Dihydroxy-2-propoxymethyl]guanin, Cymeven®) verfügbar, das intrazellulär die DNA-Polymerase der Cytomegalieviren und mit etwas geringerer Wirkung auch die Replikation vom Herpes-simplex-Virus (Typ 1 und 2), Varizella-zoster-Virus und Epstein-Barr-Virus hemmt. Die häufigsten Nebenwirkungen der Ganciclovir-Therapie sind die Neutropenie

Tabelle 1: Therapie der akuten CMV-Retinitis bis zur Vernarbung

Ausprägung	Medikament	Intravenös Dosis/Tag und kgKG	Intravitreal Dosis/Woche	Dauer (Wochen)	Neben-wirkungen
1. nicht visus-bedrohend	Ganciclovir	2 x 5 mg		2 – 3	Leukopenie
	Foscarnet	2 x 90 mg		2 – 3	nephrotoxisch
2. visus-bedrohend	Ganciclovir plus Foscarnet	2 x 5 mg plus 2 x 90 mg		2 – 3	Leukopenie, nephrotoxisch
3. Versagen von 2	Ganciclovir plus Foscarnet	2 x 5 mg plus 2 x 90 mg	plus 2 x 20 µg Ganciclovir oder 2 x 1,2 mg Foscarnet oder Implantat	2 – 3	Leukopenie, nephrotoxisch Cataracta complicata okuläre Hypotonie Glaskörperblutung
4. Versagen von 3	Cidofovir	5 mg 1 x/Woche		2– 3	ausgeprägt nephrotoxisch
5. alternativ	Ganciclovir	3 g orales Ganciclovir/d	Implantat		

Tabelle 2: Erhaltungstherapie der CMV-Retinitis nach Vernarbung

Therapieform	**Medikament**	**Intravenös Dosis/Tag und kgKG**	**Intravitreal Dosis/Woche**	**Dauer (Wochen)**	**Neben-wirkungen**
1. mögl. Monotherapie	Ganciclovir Foscarnet Cidofovir	5 – 10 mg oder Wochen-dosis auf 3-5 Infusionen pro Woche verteilt 90 – 120 mg 5 mg alle 2 Wochen		bis zum Rezidiv bis zum Rezidiv bis zum Rezidiv	Leukopenie nephrotoxisch ausgeprägt nephrotoxisch
2. Kombina-tionstherapie	Ganciclovir plus Foscarnet	5 – 10 mg plus 120 mg		bis zum Rezidiv	Leukopenie, nephrotoxisch
3. Kombina-tionstherapie	Ganciclovir im tägl. Wechsel alternativ mit Foscarnet	10 mg im tägl. Wechsel mit 120 mg		bis zum Rezidiv	Leukopenie, nephrotoxisch
4. Oral	Ganciclovir	3 x 1 g/d		bis zum Rezidiv	Leukopenie
5. Implantat	Ganciclovir		Diffusion von 0,5-3 µg/h	bis zum Rezidiv	Cataracta complicata Glaskörperblutung okuläre Hypotension
6. Intravitreal ggf. mit oralem Ganciclovir	Ganciclovir Foscarnet		1 x 20 µg/ Woche 1 x 1,2 mg/ Woche	bis zum Rezidiv	Endotheliitis Amotio retinae

Tabelle 3: Erhaltungstherapie einer CMV-Retinitis nach 1. Rezidiv

Therapieform	**Medikament**	**Intravenös Dosis/Tag und kgKG**	**Intravitreal Dosis/Woche**	**Dauer (Wochen)**	**Nebenwirkungen**
1. Kombinationstherapie	Ganciclovir plus Foscarnet	5 mg – 10 mg plus 120 mg		bis zum folgenden Rezidiv	Leukopenie, nephrotoxisch
2. ggf. zusätzliches Implantat	Ganciclovir		Diffusion von 0,5-3 µg/h		Cataracta complicata Glaskörperblutung okuläre Hypotonie
3. Medikamentenwechsel	von Foscarnet zu Ganciclovir von Ganciclovir zu Foscarnet	5 mg – 10 mg 120 mg		bis zum folgenden Rezidiv bis zum folgenden Rezidiv	Leukopenie nephrotoxisch

und Thrombozytopenie. Im Falle drohender Neutropenie können zusätzliche subkutane Gaben von Granulozyten-Makrophagenkonolie-stimulierendem Faktor (GM-CSF) oder Granulozyten-stimulierendem Faktor (G-CSF) eine wirksame Konzentrationserhöhung von voll funktionsfähigen Leukozyten herbeiführen und so die Hauptnebenwirkung des Ganciclovir antagonisieren.

Foscarnet

Foscarnet (Phosphonoformat, Foscavir®) ist ein Pyrophosphat-Analogon. Die Substanz hemmt die DNA-Polymerasen aller bekannter Herpes-Viren einschließlich CMV, des Hepatitis-B-Virus sowie die reverse Transkriptase des HI-Virus. Die Zahl der neutrophilen Granulozyten wird dagegen nicht beeinflußt. Da Foscarnet nicht metabolisiert und mit dem Urin ausgeschieden wird, ist bei jeder Foscarnet-Therapie auf die Nierenfunktion zu achten. Die Substanz reichert sich im Knochengewebe an und passiert die Blut-Hirn-Schranke, wobei die Liquorkonzentration 20 bis 70% der Plasmakonzentration erreicht. Foscarnet ist zur Therapie der CMV-Enzephalitis geeignet.

Cidofovir

Eine weitere Substanz, die eine spezifische kompetitive Hemmung der DNA-Polymerase des CMV bewirkt, ist Cidofovir (3-Hydroxy-2-Phosphonylmethoxy-Propylcystosin, HPMPC, Vistide®). In vitro wird das Wachstum von CMV wesentlich stärker als durch Ganciclovir oder Foscarnet gehemmt. Das Medikament wirkt nephrotoxisch, engmaschige Kontrollen der Nierenfunktion sind daher notwendig.

Monotherapie mit Ganciclovir

Initialtherapie

Nach Diagnosestellung sollte möglichst zügig die Initialtherapie mit einer Dosis von zweimal täglich 5 mg Ganciclovir/kg Körpergewicht (kgKG) begonnen werden. Dabei wird das Medikament in 250 ml physiologischer Kochsalzlösung innerhalb von 15 bis 30 Minuten verabreicht. Unter wöchentlicher augenärztlicher Kontrolle wird die vollständige Vernarbung der Retinitis abgewartet; nach spätestens drei Wochen sollte dies der Fall sein.

Erhaltungstherapie

Nach vollständiger Vernarbung der Netzhaut kann die tägliche Ganciclovir-Dosis auf 5 bis 6 mg/kgKG reduziert werden. Kommt es innerhalb von vier Wochen nach Dosisreduktion zu keinem Rezidiv, so kann unter Umständen die vollständige Wochendosis auf fünf bzw. drei Tage verteilt werden (Beispiel: An sieben Tagen 5 mg/kgKG oder an fünf Tagen 7mg/kgKG oder an drei Tagen ca. 11mg/kgKG). Die mittlere Überlebenszeit unter Ganciclovir-Therapie liegt bei etwa neun Monaten nach Diagnosestellung einer CMV-Retinitis [11, 12].

Die orale Therapie

Das einzige Medikament, das bislang auch in oraler Form als Erhaltungstherapie gegeben werden kann, ist Ganciclovir (Cytovene). Wegen der geringen Bioverfügbarkeit von ca. 9% sind relativ hohe Tagesdosen von 3 g (3 x 4 Tabletten à 250 mg) notwendig [3]. Da die Zeit bis zum Auftreten des ersten Rezidivs unter oraler Therapie vermutlich kürzer als unter systemischer Therapie ist, sollte die orale Gabe Patienten vorbehalten sein, bei denen kein intravenöser Zugang möglich ist oder die nur sehr kleine, peripher gelegene

Netzhautnarben aufweisen. Die orale Applikationsform eignet sich auch als Alternative bei vorübergehendem Absetzen der intravenösen Therapie (Reisen etc.).

Monotherapie mit Foscarnet

Initialtherapie

Wie unter Ganciclovir wird mit Foscarnet eine Initialtherapie bis zur vollständigen Vernarbung der Retinitis angestrebt. Je nach Autor schwanken die Therapieschemata; im Mittel liegt die Dosis der Initialtherapie bei 200 mg/kgKG und Tag, wobei die Gesamtmenge des Präparates auf zwei bis drei Infusionen pro Tag verteilt wird. Die Infusionszeiten sollten zwischen ein und zwei Stunden liegen, im Anschluß an jede Gabe muß zur Reduktion der Nephrotoxizität von Foscarnet physiologische Kochsalzlösung oder 5%ige Dextroselösung infundiert werden.

Erhaltungstherapie

Nach vollständiger Vernarbung werden zur Erhaltungstherapie täglich 90 bis 120 mg/kgKG mit einer einzigen Infusion, gefolgt von 5%iger Dextrose oder physiologischer Kochsalzlösung, verabreicht. Besonders während der Erhaltungstherapie sind die Nierenwerte engmaschig zu kon-

Tabelle 4: Inzidenzen Cidofovir-assoziierter Iritiden

Studie	Patienten (n)	Iritis (%)
[5]	58	10,3
[8]	41	4,9
[5]	148	6,8
[9]	384	4,2
Gesamt	631	5,4

trollieren. Beim Anstieg des Kreatinins sollte unverzüglich die Therapie abgebrochen und auf Ganciclovir umgestellt werden. Zu weiteren, relativ häufig zu beobachtenden Nebenwirkungen des Foscarnets zählen starke Übelkeit, Proteinurie, Verschiebungen der Calcium- und Magnesiumkonzentration und Anämie. Zu den eher seltenen Komplikationen zählen das Auftreten von Genitalulcera bei zu geringer Hydratation, Leberfunktionsstörungen, Anfallsleiden, Phlebitis und nephrogener Diabetes insipidus. Die mittlere Überlebenszeit nach Diagnosestellung liegt unter Foscarnet-Therapie bei 8,5 Monaten [12].

Monotherapie mit Cidofovir

Die klinischen Studien zur Wirksamkeit des Cidofovir im Vergleich zu Foscarnet und Ganciclovir sind nicht abgeschlossen. Während der Initialtherapie über einen Zeitraum von zwei Wochen wird wöchentlich eine Infusion mit 5 mg/kgKG durchgeführt. Parallel dazu müssen 2 g Probenecid oral drei Stunden vor und 1 g jeweils zwei und acht Stunden nach der Infusion gegeben werden. Vor der Infusion soll mit 1000 ml 0,9%-NaCl-Lösung hydriert werden. Während der Erhaltungstherapie wird dieses Schema nur alle zwei Wochen durchgeführt. Kontraindikationen sind ein Kreatininwert von 1,5mg/dl oder eine Kreatinin-Clearance von 55 ml/min. Foscarnet und Antibiotika sollten sieben Tage vor Beginn der ersten Cidofovir-Infusion abgesetzt werden.

Iritis unter Cidofovir-Therapie

Unter der Therapie der CMV-Retinitis mit Cidofovir wurde als Nebenwirkung unter anderem eine Iritis beobachtet. Die Inzidienzen von Cidofovir-assoziierten Iritiden aus klinischen Studien zeigt Tabelle 4. In einer retrospektiven

Untersuchung von Davis et al. wurde bei elf von 43 Patienten (26%) eine Iritis unter Cidofovir-Therapie beobachtet [2]. Nach Jabs kann die hohe Rate der Regenbogenhautentzündungen in diesen Studien auf die vermehrte Einbeziehung von schwerkranken Patienten in den beteiligten Kliniken beruhen [6].

Erste Anzeichen einer Iritis sind Augenrötungen, Blendungsempfindlichkeit und Schmerzen. Einige Patienten entwickeln unter Umständen eine okuläre Hypertonie sowie hintere Synechien in der Vorderkammer des Auges.

Unter der Cidofovir-Therapie sollten folgende Kontrollen und Maßnahmen durchgeführt werden:

- Der behandelnde Arzt sollte den Patienten auf die Möglichkeit des Auftretens einer Iritis unter Cidofovir-Therapie hinweisen und die Symptome zur Früherkennung einer Iritis erklären.
- Der intraokulare Druck (IOP-Normalwert 10 bis 22 mmHg) sollte vor Therapiebeginn und in regelmäßigen Abständen danach gemessen werden.
- Gesicherte, durch klinische Studien verifizierte Daten zur Prophylaxe einer Iritis liegen nicht vor. Eine intravenöse Bolusinjektion von 50 mg Prednisolon vor jeder Cidofovir-Gabe kann erwogen werden [1]. Der prophylaktische Einsatz von Tropicamid 0,5% (1 Tropfen) über die Nacht während der gesamten Therapiedauer kommt ebenfalls in Frage.

Bei Cidofovir-assoziierter Iritis sollten folgende Maßnahmen ergriffen werden:

- Bei ersten Zeichen einer Iritis sollte mit Prednisolonsectat (1 bis 2 Tropfen 2 bis 4 x tägl.) sowie Atropin 0,5 bis 1% (1 bis 2 Tropfen 1 bis 4 x tägl.) behandelt werden und kontinuierliche augenärztliche Kontrollen stattfinden.

- Bei einem IOP < 4 mmHg oder Druckabfall von mehr als 50% des Ausgangswertes muß die Therapie mit Cidofovir abgebrochen werden.
- Patienten mit erfolgreich behandelter Iritis sollten vor und mindestens drei bis fünf Tage nach jeder Cidofovir-Infusion augenärztlich kontrolliert werden.

Kombinationstherapien

In vitro liegen Hinweise für eine additive oder synergistische Wirkung der Kombination von Foscarnet und Ganciclovir vor. Klinische Studien konnten zeigen, daß eine Kombinationstherapie von Ganciclovir und Foscarnet in der Initialtherapie der unter Monotherapie resistenten CMV-Retinitis wirksam ist. Auch nach einem Rezidiv unter Monotherapie ist die Kombinationstherapie besonders erfolgreich.

Initialtherapie

Handelt es sich bei einer neu diagnostizierten CMV-Retinitis um eine den Visus akut bedrohende Erkrankung (Maculabefall, Papillitis), so ist eine hochdosierte Kombinationstherapie zu empfehlen. Hierbei werden bis zur vollständigen Vernarbung täglich 10 mg/kgKG Ganciclovir plus 200 mg/kgKG Foscarnet gegeben. Es gibt Hinweise für eine zeitlich deutlich verlängerte rezidivfreie Erhaltungstherapie unter Kombination beider Präparate im Vergleich zu den jeweiligen Monotherapien.

Erhaltungstherapie

Nach vollständiger Vernarbung der Netzhaut kann man die Behandlung auf eine niedrig dosierte Kombinationstherapie umstellen. Dabei werden täglich 5 mg/kgKG Ganciclovir plus 90 mg/kgKG Foscarnet gegeben. Um die Zahl der täglichen Infusionen zu reduzieren, hat es sich auch klinisch bewährt, im täglichen Wechsel 10 mg/kgKG Ganciclovir und 120 mg/kgKG Foscarnet zu infundieren. Unter dieser Therapie ist die rezidivfreie Zeit deutlich länger als unter einer Monotherapie.

Rezidivtherapie

Mit zunehmender Therapiedauer steigt die Wahrscheinlichkeit eines Rezidivs. Je nach Studie lag die mittlere Zeit bis zum Rezidiv unter Ganciclovir-Therapie bei 60 bis 80 Tagen, unter Foscarnet-Therapie bei 80 Tagen. Daher ist nach erfolgreicher Initialtherapie der Fundus unbedingt in regelmäßigen Abständen augenärztlich zu kontrollieren (alle drei bis vier Wochen). Dies ist besonders wichtig, da der Zeitraum zwischen wiederholten Rezidiven unter den bekannten Therapien im Krankheitsverlauf immer kürzer wird. Sollte es zum Rezidiv gekommen sein, so ist eine Umstellung auf das jeweils verbliebene Alternativpräparat zu empfehlen, da vorübergehende Erhöhungen des bisher verwendeten Medikaments deutlich geringere Erfolge in der Rezidivtherapie aufwiesen als ein Präparatewechsel.

Als besonders wirksam hat sich die Erhaltungstherapie nach dem ersten Rezidiv mit einer Kombination von Ganciclovir und Foscarnet erwiesen. Werden 5 mg/kgKG Ganciclovir in Kombination mit 90 mg/kgKG Foscarnet pro Tag gegeben, so liegt die mittlere Zeit bis zum nächsten Rezidiv bei 4,3 Monaten – ein wesentlich günstigeres Ergebnis als mit der jeweiligen Monotherapie zu erreichen ist. Eine Zunahme der Nebenwirkungen wird nicht beobachtet [12].

Intravitreale Medikamentengabe

Injektionen mit Ganciclovir

Sollte aus internistischen Gründen eine systemische Therapie mit Ganciclovir oder Foscarnet nicht möglich sein, muß initial zweimal wöchentlich und nach erfolgreicher Vernarbung einmal wöchentlich eine intravitreale Injektion von 200 µg Ganciclovir in 0,05 ml physiologischer Kochsalzlösung vorgenommen werden. Die Injektion erfolgt unter sterilen Bedingungen am tropfanästhesierten Patienten, indem mit einer 27,5-G-Kanüle in 3,5 mm Limbusabstand durch die Pars plana des Ciliarkörpers in Richtung auf die Papille injiziert wird. Da unter dieser Therapie die retinitischen Läsionen besonders schnell abheilen, ist die intravitreale Injektion auch als Initialtherapie geeignet, wenn die Fovea oder die Papille von der Netzhautentzündung direkt bedroht sind und das Sehvermögen des Auges gefährdet ist.

Auch nach einer operativen Versorgung einer Amotio retinae, die mit einer Vitrektomie und Silikonölauffüllung verbunden ist, können intravitreale Injektionen von Ganciclovir vorgenommen werden.

Implantat

Seit kurzem steht ein Medikamentenspeicher, der im Bereich der Pars plana des Auges intravitreal implantiert wird, zur Verfügung. Er enthält Ganciclovir, das durch eine semipermeable Membran mit einer Geschwindigkeit von 0,5 bis 0,3 µg/h in das umliegende Gewebe diffundiert. In verschiedenen Studien (Initial- und Erhaltungstherapie) konnte gezeigt werden, daß erst nach einem halben bis einem Jahr mit einem weiteren Rezidiv zu rechnen ist. Danach kann ein neuer Medikamentenspeicher implantiert werden. Das Implantat hat seine Wirksamkeit nicht nur bei der Initial- und Erhaltungstherapie unter Beweis gestellt, sondern ist auch in 75% der Fälle wirksam, bei denen der Medikamentenspeicher aufgrund eines Rezidivs nach Ganciclovir- und/oder Foscarnet-Therapie implantiert wurde. Postoperativ kann es jedoch zu einer vorübergehenden Verschlechterung der Sehschärfe kommen. Außerdem erleiden innerhalb eines halben Jahres ca. 20% der Patienten eine Amotio retinae. Die Daten dieser Patienten unterscheiden sich jedoch gegenüber Patienten ohne Implantat statistisch nicht signifikant. Weitere Komplikationen wie Glaskörpertrübungen, Cataractbildung, Glaskörperhämorrhagie, Iritis und infektiöse Endophthalmitis wurden beobachtet [4].

Foscarnet

Auch Foscarnet kann intravitreal appliziert werden. Wie bei Ganciclovir beschrieben, erhalten die Patienten zur Initialtherapie 3 x wöchentlich und zur Erhaltungstherapie 1 x wöchentlich 1,2 bis 2,4 mg Foscarnet.

Amotioprophylaxe

Ca. 15 bis 25% der Patienten mit vernarbter CMV-Retinitis erleiden eine Amotio retinae. Die Frage, ob mit einem prophylaktischen Riegel aus Laserkoagulationen im Bereich der an die Narbe angrenzenden intakten Netzhaut diese Inzidenz verringert werden kann, ist momentan Gegenstand verschiedener Studien. Soweit die Laserkoagulation keine für die Sehschärfe wichtigen Netzhautareale betrifft, sollte bis zum Vorliegen der Studienergebnisse ein mindestens dreifacher Riegel aus konfluierenden Argon-Laser-Herden gesetzt werden.

Systemische Erhaltungstherapie

Bei der CMV-Retinitis handelt es sich um eine Erkrankung, die nicht nur auf das Auge beschränkt ist. Daher scheint es notwendig zu sein, zusätzlich zur lokalen auch eine systemische Therapie durchzuführen. Diese sollte solange erfolgen, bis die CD4-Zellzahl auf Werte über 200/µl steigt. Bei einer CD4-Zellzahl über 200/µl kann davon ausgegangen werden, daß die Wahrscheinlichkeit eines Rezidives gering ist; sofern weiterhin regelmäßig ophthalmologische Kontrollen (alle vier Wochen) stattfinden, kann dann auf eine systemische CMV-Therapie verzichtet werden.

Eine gelegentliche Sehverschlechterung nach erfolgreicher Therapie der CMV-Retinitis bei verbessertem immunologischen Status kann durch das Auftreten eines zystoiden Maculaödems bedingt sein. Als Ursache wird eine immunologische Reaktion auf das CMV-Antigen vermutet.

Literatur

[1] Albrecht, H: Diskussion, Münchner AIDS Tage, 1997

[2] Davis, JL, et al.: Arch. Opththalmol. 115 (1997) 733-737

[3] Drew, WL et al.: Oral Ganciclovir as Maintenance Treatment for Cytomegalovirus Retinitis with AIDS. New England Journal of Medicine 333 (1996) 615-620

[4] Engstrom RE, Holland GN: Local Therapie for Cytomegalovirus Retinopathy. American Journal of Ophthalmology 120 (1995)

[5] Gilead Sciences Inc., Posta Citiy, Data on file

[6] Jabs, GA: Arch. Ophthalmol. 115 (1997) 785-786

[7] Kirsch CS et al.: Phase I/II Study of Intravitreal Cidofovir for the Treatment of Cytomegalovirus Retinitis in Patients with AIDS. American Journal of Ophthalmology 119 (1995) 466-476

[8] Lalezari, JP et al.: Intravenous Cidofovir for Peripheral Cytomegalovirus Retinitis in Patients with AIDS. Annals of Int. Med. 126 (4) (1997)

[9] Nüssle, SJ et al.: The Visitide treatment IND for Relapsing CMV retinitis. 4th Conference on Retroviruses and Opportunistic Infections. Washington, Abstract No. 306 (1997)

[10] Rabb MR, Jampol LM, Fish RH et al.: Retinal Periphlebitis in Patients with Acquired Immunodeficiency Syndrome with Cytomegalovirus Retinitis Mimics Acute Frosted Retinal Periphlebitis. Archives of Ophthalmology 110 (1992) 1257-1260

[11] SOCA Studies of Ocular Complications of AIDS Research Group:Mortality in Patients with the Acquired Immunodeficiency Syndrome treated with either Foscarnet or Ganciclovir for Cytomegalovirus Retinitis. New England Journal of Medicine 326 (1992) 213-220

[12] SOAC Studies of Ocular Complications of AIDS Research Group: Combination Foscarnet and Ganciclovir Therapy vs Monotherapy for the Treatment of Relapsed Cytomegalovirus Retinitis in Patients with AIDS. Archives of Ophthalmology 114 (1996) 23-32

[13] Teich SA, Cheung TW, Friedman AH et al.: Systemic Antiviral Drugs Used in Ophthalmology. Survey of Ophthalmology 37 (1992) 19-53

Neurologische Manifestationen der CMV-Infektion bei AIDS

Eva Schielke

Das Cytomegalievirus (CMV) kann bei HIV-infizierten Patienten zu Manifestationen sowohl am zentralen wie am peripheren Nervensystem führen und dementsprechend verschiedene neurologische Syndrome verursachen; insbesondere sind dies eine Enzephalitis, lumbosakrale Polyradikulitis und Mononeuritis multiplex.

In allen Fällen gilt, daß es erst bei weit fortgeschrittenem Immundefekt zu neurologischen CMV-Manifestationen kommt: Die große Mehrzahl der betroffenen Patienten weist eine T4-Helferzellzahl $< 50/\mu l$ auf; eine T4-Helferzellzahl $> 100/\mu l$ kommt praktisch nicht vor [3, 6, 8, 10, 16]. Bei 50 bis 80% der Patienten besteht gleichzeitig noch mindestens eine andere Organmanifestation der CMV-Infektion [10, 12, 13, 15].

Prognose

Alle neurologischen CMV-Manifestationen haben eine ungünstige Prognose sowohl bezüglich der Restitution als auch quoad vitam. Die mediane Überlebenszeit betroffener Patienten liegt bei wenigen Monaten und ist signifikant kürzer als bei AIDS-Patienten mit vergleichbaren Immunwerten, aber ohne neurologische CMV-Erkrankung [3, 7]. In einer französischen Studie betrug die mediane Überlebenszeit von HIV-Patienten, bei denen sich CMV-DNA im Liquor nachweisen ließ, 50 Tage gegenüber 205 Tagen bei Patienten mit negativem Liquorbefund [8].

Therapie

Aufgrund des deletären Spontanverlaufs sollte bei allen neurologischen CMV-Manifestationen bereits im begründeten Verdachtsfall unverzüglich eine virustatische Therapie begonnen werden. Sowohl für die Enzephalitis wie für die Polyradikulitis wurden mehrfach Fälle beschrieben, die unter einer Ganciclovir-(Erhaltungs-)Therapie auftraten [3, 4, 16]. Darüber hinaus penetriert Ganciclovir nur begrenzt ins Zentralnervensystem. Die erreichbaren Liquorspiegel liegen bei zirka 10 bis 30% des Serumspiegels [5]. Deshalb empfiehlt es sich, bei diesen CMV-Manifestationen grundsätzlich, Ganciclovir mit dem besser liquorgängigen Foscarnet zu kombinieren [9]. Es muß aber betont werden, daß keinerlei kontrollierte Studien zur virustatischen Therapie bei neurologischen CMV-Manifestationen vorliegen. Die Empfehlung einer Kombinationstherapie basiert also lediglich auf pharmakokinetischen Überlegungen und Einzelfallbeobachtungen. Die Dosierung von Ganciclovir und Foscarnet erfolgt wie bei anderen CMV-Erkrankungen. Eine lebenslängliche Erhaltungstherapie scheint angeraten.

CMV-Enzephalitis

Klinik

Klinisch verläuft die CMV-Enzephalitis offenbar häufig stumm: Von den Patienten, bei denen diese Diagnose postmortal histopathologisch gestellt wird, weisen zu Lebzeiten weniger als die Hälfte zentralnervöse Störungen auf [15]. Symptomatische Patienten leiden am häufigsten unter einer meist innerhalb weniger Wochen rasch progredienten, selten einmal etwas fluktuierenden, diffusen ZNS-Symptomatik. Die Patienten klagen über Apathie und Antriebsminderung, über Konzentrations- und Gedächtnisstörungen, sie sind desorientiert und verwirrt und zeigen eine psychomotorische Verlangsamung. Kopfschmerzen und Fieber kommen nicht sehr häufig vor, epileptische Anfälle treten bei weniger als 10% der Patienten auf. Fokalneurologische Störungen sind sehr ungewöhnlich und sollten stets Anlaß zur Suche nach einer anderen bzw. zweiten zerebralen Erkrankung geben [3, 8, 15].

Neuropathologie

Das Gehirn ist makroskopisch meist unauffällig. Histologisch finden sich diffus verteilte Gliaknötchen, die allerdings nicht spezifisch sind und insbesondere auch durch HIV verursacht sein können, sowie die pathognomonischen Riesenzellen mit intranukleären Einschlußkörperchen (sogenannte „Eulenaugenzellen"), in denen sich immunhistochemisch CMV-Antigen nachweisen läßt. Selten werden Zeichen einer nekrotisierenden Entzündung beobachtet – wenn doch, dann vor allem im Bereich des Ependyms. Ausmaß und Verteilung der Veränderungen korrelieren kaum mit dem klinischen Bild [13, 15, 18].

Häufigkeit

Immunhistologisch läßt sich eine CMV-Enzephalitis bei 10 bis 40% aller verstorbenen AIDS-Patienten nachweisen. Davon haben allerdings zirka 40% noch eine zweite opportunistische Erkrankung des Gehirns. Bei rund 60% findet man histopathologisch zusätzlich Symptome einer HIV-Enzephalopathie [11, 13, 15, 18]. Aufgrund der häufig unspezifischen oder gar fehlenden Symptomatik wird die Diagnose klinisch deutlich seltener gestellt.

Zusatzdiagnostik

Vereinzelt findet man im kranialen Computertomogramm oder Magnetresonanztomogramm das Bild einer Ventrikulitis, das heißt eine Konstrastmittelanreichung am Randsaum der Ventrikel. In der Mehrzahl der Fälle ist die Bildgebung jedoch unauffällig, oder es finden sich geringfügige unspezifische Läsionen der weißen Substanz ohne raumfordernde Wirkung und ohne Kontrastmittelanreicherung. Eine Hirnatrophie ist relativ häufig zu sehen; dies ist jedoch bei einer großen Zahl von Patienten mit fortgeschrittener AIDS-Erkrankung der Fall und daher ohne diagnostischen Wert.

Im Liquor sind Zellzahl und Eiweiß normal oder geringfügig erhöht und tragen wenig zur Diagnosestellung bei. Jedoch ist der Nachweis von CMV-DNA im Liquor durch die Polymerase-Kettenreaktion (PCR) zu über 80% möglich und von sehr hoher Spezifität [1, 2, 6, 8].

Differentialdiagnose

Die klinische Diagnose einer CMV-Enzephalitis ist aufgrund der meist diffusen Symptomatik und der Tatsache, daß es offenbar häufig klinisch inapparente Verläufe gibt, schwierig. Letztendlich sollte eine CMV-Enzephalitis als Ursache zentralnervöser Symptome nur dann diagnostiziert werden, wenn andere opportunistische ZNS-Erkrankungen, Intoxikationen oder metabolische Störungen ausgeschlossen sind.

Bei Zeichen der diffusen zerebralen Dysfunktion ist es nicht mit eindeutiger Sicherheit möglich zu unterscheiden, ob diese ursächlich und hauptsächlich durch eine HIV-Enzephalopathie oder durch eine CMV-Enzephalitis verursacht sind. Klinisch spricht eine rasche Progredienz der Symptome für das Cytomegalie-Virus als ätiologisches Agens, labordiagnostisch eine positive CMV-PCR aus dem Liquor.

CMV-Polyradikulitis

Klinik

Typischerweise entwickelt sich innerhalb kurzer Zeit eine schlaffe Paraparese der Beine. Fast alle Patienten sind zwei Wochen nach Symptombeginn nicht mehr selbständig gehfähig. Sowohl die distale wie die proximale Muskulatur ist betroffen, gelegentlich können die Paresen etwas asymmetrisch verteilt sein. Die Muskeleigenreflexe sind erloschen oder abgeschwächt. Häufig sind auch der Cremaster- und der Analreflex nicht mehr auslösbar. Die meisten Patienten leiden unter Blasenentleerungsstörungen, nicht selten kommt es zum völligen Harnverhalt. Erektions- und Ejakulationsstörungen sind ebenfalls häufig. Auch die Defäkation ist oft erschwert.

Sensibilitätsstörungen – Hypästhesien und Parästhesien – bestehen meistens, sind aber in der Regel nicht so ausgeprägt wie die motorischen Ausfälle. Typisch, aber nicht obligat, ist eine Reithosenanästhesie.

Schmerzen können völlig fehlen. Manche Patienten allerdings leiden unter so erheblichen Rückenschmerzen, daß Opiate erforderlich sind. Gelegentlich findet man positive Wurzeldehnungszeichen (Lasègue). Fieber besteht bei ungefähr einem Drittel der Patienten.

Die Ausfälle beschränken sich auf die lumbosakralen Nervenwurzeln und mitunter das kaudale Myelon. Synonym wird daher auch von CMV-Myeloradikulitis oder CMV-assoziierter lumbosakraler Polyradikulopathie gesprochen. Aufsteigende Lähmungen oder Sensibilitätsstörungen mit Beteiligung der oberen Extremitäten sprechen eher gegen eine CMV-Polyradikulitis [8, 10, 12, 16].

Häufigkeit

Die CMV-Polyradikulitis ist selten: In einem größeren Kollektiv HIV-infizierter Patienten mit neurologischen Störungen wurde sie bei weniger als 2% diagnostiziert [16].

Zusatzdiagnostik

Elektrophysiologisch findet man bei der Muskeluntersuchung fast immer akute Denervierungszeichen (Spontanaktivität) als Ausdruck der Läsion motorischer Axone. Die F-Wellen sind aufgrund der radikulären Läsion normalerweise nicht auslösbar oder deutlich verzögert. Nicht selten sind auch die Nervenleitgeschwindigkeiten verlangsamt. Dies weist darauf hin, daß es auch zu einer Demyelinisierung kommt. Die Interpretation der elektrophysiologischen Befunde wird gelegentlich dadurch erschwert, daß bei vielen AIDS-Patienten gleichzeitig eine – zum Teil subklinische – präexistente HIV-assoziierte distal-symmetrische Polyneuropathie vorliegt [12, 16].

Diagnostisch wegweisend ist der Liquorbefund mit einer überwiegend deutlichen Eiweißerhöhung auf zirka 2000 bis 5000 mg/l sowie einer meist deutlichen Pleozytose von 500 bis 2000 Mpt/l, wobei – für eine virale Infektion eigentlich ungewöhnlich, für die CMV-Polyradikulitis fast pathognomonisch – Granulozyten 40 bis 80% aller Zellen ausmachen. Die Kultivierung von CMV aus dem Liquor ist schwierig; hingegen gelingt der DNA-Nachweis mittels Polymerase-Kettenreaktion (PCR) fast immer [2, 6, 8, 16].

Die Myelographie zeigt keine Auffälligkeiten. Auch im spinalen Magnetresonanztomogramm (MRT) findet man meist einen Normalbefund. Gelegentlich wurde eine leptomeningeale Anreicherung von Kontrastmittel beschrieben. Dieser Befund ist jedoch unspezifisch und kann auch bei lymphomatöser Infiltration oder Entzündungen anderer Genese gefunden werden. Die bildgebende Diagnostik ist in erster Linie zum Ausschluß eines spinalen raumfordernden Prozesses indiziert [17].

Differentialdiagnose

Eine der häufigsten – und schwierigsten – Differentialdiagnosen ist eine diffuse Infiltration der Nervenwurzeln oder auch eine Kompression des Conus-Cauda-Bereichs durch ein malignes Lymphom. Sehr selten, aber dann schwer zu unterscheiden, ist eine tuberkulöse Polyradikulitis. Bei ei-

Tabelle 1: Differentialdiagnostik der CMV-Polyradikulitis bei AIDS

Wichtige Differentialdiagnosen	**Wesentliches Unterscheidungskriterium**
Meningeosis lymphomatosa mit Infiltration der Nervenwurzeln	Liquor: maligne Zellen andere Organmanifestationen eines Lymphoms
Kompression des Myelons oder der Cauda durch Lymphom-Metastase	spinales MRT: Raumforderung, andere Organmanifestationen eines Lymphoms
Herpes-zoster-Radikulitis	Haut: Effloreszenzen Liquor: weniger Granulozyten Liquor: PCR für VZV (*Varizella-zoster*-Virus) positiv
GUILLAIN-BARRÉ-Syndrom	Klinik: meist auch Arme betroffen Liquor: keine oder nur geringe Pleozytose Elektrophysiologie: vorwiegend Zeichen der Demyelinisierung
tuberkulöse Radikulitis (sehr selten)	andere Organmanifestationen der Tbc, Erregernachweis
Luetische Meningoradikulitis (sehr selten)	Liquor: kaum Granulozyten, Lues-Serologie
medialer lumbaler Bandscheibenprolaps	spinales MRT oder Myelographie: Raumforderung Liquor: keine Pleozytose

ner Radikulitis durch das *Varizella-zoster*-Virus bestehen meistens typische Hauteffloreszenzen, und in der Liquorzytologie finden sich allenfalls wenige Granulozyten. Auch bei der Neurolues dominieren im Liquor Lymphozyten und Plasmazellen. Bei einem *Guillain-Barré*-Syndrom findet sich klinisch meist auch eine Beteiligung der oberen Extremitäten, elektrophysiologisch dominiert das Bild einer demyelinisierenden Schädigung, und im Liquor findet sich allenfalls eine geringe Pleozytose.

Die häufige HIV-assoziierte distal-symmetrische Polyneuropathie sollte eigentlich keinen Anlaß zur Verwechslung geben: Diese Erkrankung verläuft viel langsamer, die Sensibilitätsstörungen sind strumpf- bzw. handschuhförmig verteilt, und Miktionsstörungen fehlen – es sei denn, daß zusätzlich noch eine HIV-assoziierte Myelopathie besteht.

Nicht vergessen sollte man bei der Ausschlußdiagnostik HIV-unabhängige Erkrankungen, die zu einer ähnlichen klinischen Symptomatik führen können, wie einen medialen lumbalen Bandscheibenvorfall.

Ein dringender Verdacht auf eine CMV-Polyradikulitis besteht immer bei folgender Konstellation: rasch progrediente schlaffe Paraparese, T4-Helferzellzahl < 100/µl, Liquorpleozytose mit mindestens 40% Granulozyten. In diesen Fällen sollte nicht auf die virologische Diagnosesicherung gewartet, sondern umgehend eine Therapie begonnen werden. Die Differentialdiagnostik der CMV-Polyradikulitis ist in Tabelle 1 dargestellt.

Mononeuritis multiplex

Klinik

Die Patienten bemerken eine sich meist innerhalb eines Tages entwickelnde Sensibilitätsstörung oder Parese an einem Arm oder einem Bein. Nach Tagen oder allenfalls zwei bis drei Wochen treten Ausfälle an einer anderen Extremität, manchmal auch im Bereich des Gesichts hinzu. Die Symptomatik ist rasch progredient und kann innerhalb kurzer Zeit zu ausgeprägten Paresen führen. Bei der neurologischen Untersuchung findet man Zeichen der Schädigung verschiedener peripherer Nerven.

Häufigkeit

Genaue Daten zur Häufigkeit einer CMV-bedingten Mononeuritis multiplex bei AIDS-Patienten gibt es nicht; es handelt sich auf jeden Fall um ein relativ seltenes Krankheitsbild.

Zusatzdiagnostik

Entscheidend für die Diagnosestellung ist die elektromyo- und -neurographische Untersuchung. Es finden sich überwiegend Zeichen der axonalen Schädigung, die – im Gegensatz etwa zur Polyneuropathie – zwischen linken und rechten Gliedmaßen asymmetrisch verteilt sind.

Bei einer Nervenbiopsie kann man eine nekrotisierende Entzündung mit CMV-Einschlußkörperchen finden, sehr selten auch einmal eine Demyelinisierung [14]. Aufgrund des fokalen Verteilungsmusters der Erkrankung können unter Umständen die charakteristischen Veränderungen im Nervenbiopsat fehlen.

Die Liquoruntersuchung zeigt meist einen Normalbefund oder eine unspezifische leichte Eiweißerhöhung.

Differentialdiagnose

Die Abgrenzung von Polyneuropathien und Polyradikulitiden gelingt klinisch und vor allem elektrophysiologisch durch den Nachweis eines asymmetrischen fokalen Läsionsmusters peripherer Nerven. Gelegentlich kann eine Kompressionsmononeuropathie, z.B. des N. peronäus, die gerade bei stark abgemagerten Patienten gehäuft vorkommen kann, Anlaß zur Verwechslung geben.

Besteht an der Diagnose einer Mononeuritis multiplex kein Zweifel, so ist ein Nervenbefall durch CMV nur dann als Ursache anzunehmen, wenn eine stark fortgeschrittene Immunschwäche besteht. Bei HIV-infizierten Patienten ohne ausgeprägte Immunschwäche kann ebenfalls eine Mononeuritis multiplex auftreten; dabei handelt es sich jedoch um ein vermutlich autoimmunologisch bedingtes Krankheitsbild, das fast immer spontan reversibel ist [12].

Andere neurologische Manifestationen der CMV-Infektion

Kasuistisch wurden vereinzelt Fälle mit Symptomen einer innerhalb von Tagen bis Wochen progredienten Hirnstammenzephalitis oder einer Myelitis beschrieben, die durch CMV verursacht wurden [3].

Eine distal-symmetrische schmerzhafte Polyneuropathie kommt bei fortgeschrittener HIV-Infektion nicht selten vor. Dieses Syndrom wurde überdurchschnittlich häufig bei AIDS-Patienten beobachtet, die zum Untersuchungszeitpunkt eine klinisch manifeste CMV-Infektion hatten oder durchgemacht hatten. Es ist aber unklar, ob sich daraus ein kausaler Zusammenhang ableiten läßt. Pathologische Untersuchungen weisen nicht darauf hin, daß es bei distal-symmetrischen Polyneuropathien zu einem Befall der peripheren Nerven durch das Cytomegalie-Virus kommt [7].

Literatur

[1] Cinque P, Vago L, Tereni MR, Bryttin M, Marenzi R, Castagna A, Lazzarin A, Linde A: Diagnosis of cytomegalovirus infection of the nervous system in AIDS by polymerase chain reaction analysis of cerebrospinal fluid. Scand. J. Infect. Dis. Suppl. 99 (1995) 92-94

[2] Clifford DB, Buller RS, Mohammed S, Robison L, Storch GA: Use of polymerase chain reaction to demonstrate cytomegalovirus DNA in CSF of patients with human immunodeficiency virus infection. Neurology 43 (1993) 75-79

[3] Cohen BA: Prognosis and response to therapy of cytomegalovirus encephalitis and meningomyelitis in AIDS. Neurology 46 (1996) 444-450

[4] Crane LR, Ebright JR: Cytomegalovirus polyradiculopathy caused by a ganciclovir-resistant strain. Clin. Infect. Dis. 19 (1994) 365

[5] Fletcher C, Sawchuk R, Chinnock B, deMiranda P, Balfour H: Human pharmacokinetics of the antiviral drug DHPG. Clin. Pharmacol. Ther. 40 (1986) 281-286

[6] Fox JD, Brink NS, Zuckerman MA, Neild P, Gazzard BG, Teder RS, Miller RF: Detection of herpesvirus DNA by nested polymerase chain reaction in cerebrospinal fluid of human immunodeficiency virus-infected persons with neurologic disease: a prospective evaluation. J. Infect. Dis. 172 (1995) 1087-1090

[7] Fuller G, Jacobs J, Guiloff R: Association of painful peripheral neuropathy in AIDS with cytomegalovirus infection. Lancet II (1989) 937-941

[8] Gozlan J, El Amrani M, Baudrimont M, Costagliola D, Salord JM, Duvivier C, Picard O, Meyohas MC, Jacomet C, Schneider-Fauveau V, Petit JC, Roullet E: A prospective evaluation of clinical criteria and polymerase chain reaction assay of cerebrospinal fluid for the diagnosis of cytomegalovirus-related neurological diseases during AIDS. AIDS 9 (1995) 253-260

[9] Hengge UR, Brockmeyer NH, Malessa R, Ravens U, Goos M: Foscarnet penetrates the blood-brain barrier: rationale for therapy of cytomegalovirus encephalitis. Antimicrob. Agents Chemother. 37 (1993) 1010-1014

[10] Kim YS, Hollander H: Polyradiculopathy due to cytomegalovirus: Report of two cases in which improvement occurred after prolonged therapy and review of the literature. Clin. Infect. Dis. 17 (1993) 32-37

[11] Kühn JE, Wendland T, Eggers HJ, Loretzen E, Wieland U, Eing B, Kiessling M, Gass P: Quantitation of human cytomegalovirus genomes in the brain of AIDS patients. J. Med. Virol. 47 (1995) 70-82

[12] Lange DJ: AAEM Minimonograph #41: Neuromuscular diseases associated with HIV-1 infection. Muscle & Nerve 17 (1994) 16-30

[13] Morgello S, Cho ES, Nielsen S, Devinsky O, Petito CK: Cytomegalovirus encephalitis in patients with acquired immunodeficiency syndrome. An autopsy study of 30 cases and a review of the literature. Hum. Pathol. 18 (1987) 289-297

[14] Morgello S, Simpson DM: Multifocal cytomegalovirus demyelinative polyneuropathy associated with AIDS. Muscle & Nerve 17 (1994) 176-182

[15] Setinek U, Wondrusch E, Jellinger K, Steuer A, Drlicek M, Grisold W, Lintner F: Cytomegalovirus infection of the brain in AIDS: a clinicopathological study. Acta Neuropathol. Berlin 90 (1995) 511-515

[16] So YT, Olney RK: Acute lumbosacral polyradiculopathy in acquired immunodeficiency syndrome: Experience in 23 patients. Ann. Neurol. 35 (1994) 53-58

[17] Talpos D, Tien RD, Hesselink JR: Magnetic resonance imaging of AIDS-related polyradiculopathy. Neurology 41 (1991) 1996-1997

[18] Wiley CA, Nelson JA: Role of human immunodeficiency virus and cytomegalovirus in AIDS encephalitis. Am. J. Pathol. 133 (1988) 73-81

Cytomegalievirus-Pneumonie bei HIV

Bernhard Bieniek

Die Cytomegalievirus(CMV)-Infektion ist eine häufige Komplikation bei der HIV-Infektion und wird als CMV-Erkrankung mit einem vielfältigen Spektrum von Organmanifestationen fast ausschließlich bei einer CD4-Zellzahl < 100/µl nachgewiesen.

Bekannte Zielorgane sind die Retina (6 bis 15% aller HIV-Patienten) und der Gastrointestinaltrakt (5 bis 10%) [5, 7, 12]. Manifestationen einer CMV-Erkrankung anderer Organe wie der Lunge, des zentralen und peripheren Nervensystems sowie der Nebennieren werden intra vitam selten diagnostiziert, obgleich im Sektionsgut eine Infektion der Nebenniere in 56% oder der Lunge in 44% nachgewiesen werden kann [3, 6]. Diese Angaben entsprechen unseren Sektionsbefunden, in denen wir insgesamt bei über 50% der Patienten einen CMV-Organbefall und dabei z.B. in 35% ausgeprägte CMV-bedingte Veränderungen des Lungenparenchyms (die eine pathognomonische Rolle am Krankheitsgeschehen nahelegen) sowie bei weiteren 16% einen CMV-Nachweis geringerer Ausprägung finden. Auch Dore und Mitarbeiter [3] beklagen aufgrund ihrer Studie über den Vergleich des CMV-Nachweises intra vitam und post mortem eine Konkordanz dieser Befunde von lediglich 26%: Kein einziger Fall von post mortem diagnostizierter CMV-Pneumonitis sei intra vitam erkannt worden, obwohl z.B. in drei Fällen die CMV-Pneumonie die mutmaßliche Todesursache darstellte.

Da einerseits die Lunge ein zentrales Organ HIV-assoziierter Infektionen ist und z.B. *Pneumocystis carinii*, Mykobakterien oder Aspergillen die wichtigsten Erreger von Pneumonien sind [8, 9] und gleichzeitig aus dem Bereich der Transplantationsmedizin mit ähnlich häufigen pulmonalen CMV-Manifestationen CMV-Nachweismethoden bekannt und etabliert sind [3], überrascht die Tatsache, daß CMV-Nachweismethoden der Lunge bei HIV-Patienten nicht standardisiert sind und die Prävalenz pulmonaler CMV-Manifestationen vermutlich unterschätzt wird. Nach bisher vorliegenden Daten ist außerdem unklar, wann die Diagnose einer CMV-Pneumonie gestellt werden darf, oder wann von einer Kolonisation der Lunge ohne manifeste Erkrankung ausgegangen werden muß. Gleichzeitig zeigen die Sektionsbefunde in unserer Klinik, daß die Zahl pulmonaler Mehrfachinfektionen hoch ist und in einer Vielzahl von *Pneumocystis-carinii*-Pneumonien (besonders mit protrahiertem Verlauf oder nur partiellen Therapieerfolgen) zusätzlich CMV-Läsionen intrapulmonal zu finden waren, so daß deshalb die genaue Pathogenität von CMV (neben *Pneumocystis carinii*, Mykobakterien oder Pilzen) unklar ist.

Im folgenden sollen das klinische Krankheitsbild, die Problematik der Diagnostik einer CMV-Pneumonie, die derzeit gültigen Parameter zum CMV-Nachweis und Ansätze für ein therapeutisches Konzept dargestellt und diskutiert werden.

Klinisches Bild und Probleme der Diagnostik einer pulmonalen CMV-Manifestation

1. Die Symptomatik der CMV-Pneumonie läßt sich klinisch nicht von der der *Pneumocystis-carinii*-Pneumonie (PCP) trennen, zumal trockener Husten, Dyspnö und Fieber auch bei der CMV-Manifestation beschrie-

ben werden [14], aber nicht als pathognomonisch für diesen Erreger angesehen werden können.

2. Da *Pneumocystis carinii* in bronchoalveolärer Lavage oder transbronchialer Lungenbiopsie häufig parallel zu CMV-bedingten Veränderungen gefunden wird, ist die Bedeutung von CMV als einzelnem Pathogen für die klinische Symptomatik bzw. als Ursache der Pneumonie unklar.

3. Die bildgebenden Verfahren helfen bei der Differentialdiagnose der HIV-assoziierten pulmonalen Veränderungen meist nicht weiter [2]. Röntgenologisch zeigt sich in der Mehrzahl der Fälle sowohl der PCP als auch der CMV-Pneumonie eine interstitielle Zeichnungsvermehrung.

4. Im Gegensatz zur CMV-Erkrankung der Retina (Blickdiagnose) oder des Gastrointestinaltrakts (histopathologische Sicherung) wird die Diagnosestellung der CMV-Pneumonie aus der Bronchiallavage kontrovers diskutiert (Wertigkeit von CMV-Kultur vs. Early- oder Late-Antigen bzw. PCR). Die transbronchiale Biopsie zur sicheren histologischen Diagnose der CMV-Pneumonie ist schwieriger zu stellen bzw. als risikoreicher anzusehen [3].

5. Die prädiktiven Marker der CMV-Erkrankungen aus dem Blut (z.B. pp65-Antigen, qualitative oder quantitative CMV-PCR) lassen keinen Rückschluß auf die Lokalisation der CMV-Erkrankung zu.

6. Spezifität und Sensitivität neuer Marker für CMV (pp65-AG, CMV-Ag-Tests, CMV-PCR oder CMV-Anzucht) aus bronchoalveolärer Lavage sind noch unklar und müssen noch in zukünftigen Studien validiert werden [2, 6].

Vor dem Hintergrund dieser diagnostischen Probleme bleibt die Bedeutung der CMV-Manifestation in der Lunge unklar, und CMV wird nur selten als Ursache für eine Pneumonie bei Patienten mit AIDS angeschuldigt [2, 6]. Bisher existierende Veröffentlichungen kommen deshalb auch zu recht unterschiedlichen Ergebnissen hinsichtlich der Prävalenz einer CMV-Pneumonie und bewerten die Rolle der CMV-Infektion der Lunge bei HIV-Infektion unterschiedlich.

Nach Organtransplantation ist die CMV-Pneumonie als häufige und schwerwiegende Komplikation bekannt [10, 13, 15, 16, 17]. Die Rolle der CMV-Pneumonie bei der HIV-Infektion ist dagegen unklar. So ist in einer Serie von 441 Patienten mit symptomatischer Lungenerkrankung bronchoskopisch in 17% der Fälle CMV nachgewiesen worden; nur in 4% war CMV die alleinige Pneumonie-Ursache [9]. Bei Patienten, bei denen gleichzeitig *Pneumocystis carinii* nachgewiesen worden war, wurde der klinische Verlauf der Pneumonie nur durch die Therapie der PCP bestimmt [6]. Gemeinhin ist deshalb eine CMV-Therapie der Pneumonie nur bei ausschließlichem CMV-Nachweis oder bei Wirkungslosigkeit der Behandlung gleichzeitig nachgewiesener Erreger erwogen worden.

Andererseits stehen dem die Diskordanz intra vitam und post mortem erhobener Befunde gegenüber, welche nahelegen, daß relevante CMV-Pneumonien der Diagnostik häufig entgehen und ihre Prävalenz und klinische Bedeutung unterschätzt werden [4].

Empfehlungen für das diagnostische und therapeutische Vorgehen

Die bisherige Diagnostik konnte bei standardisierten Methoden für *Pneumocystis carinii* die PCP schnell und unproblematisch sichern (ebenso wie bakterielle Begleitinfektionen oder *Aspergillus spp.* bzw. *Candida spp.* kulturell sicher diagnostiziert werden). Dagegen kam die intra-vitam-Diagnose einer CMV-Pneumonie in der Regel zu spät und war durch einen progredienten therapieresistenten Verlauf der Pneumonie charakterisiert. So stellt sich die Frage nach der Richtigkeit des diagnostischen Vorgehens, um frühzeitig eine pulmonale CMV-Manifestation zu sichern.

So können als derzeit optimaler Screening-Test für das Vorliegen einer manifesten CMV-Erkrankung bei HIV sowohl das CMV-Antigen pp65 als auch die qualitative (bisher, später die quantitative) PCR für CMV angesehen werden. Wenn bei positivem Screening-Ergebnis und niedriger CD4-Zellzahl eine interstitielle Pneumonie oder bereits eine CMV-Erkrankung eines anderen Organs bei neu diagnostizierter Pneumonie besteht, muß unseres Erachtens eine CMV-Pneumonie ausgeschlossen werden. Verdächtig hierfür ist nach eigenen Erfahrungen auch das Auftreten eines Pneumothorax bei Pneumonie-Diagnose, der gehäuft bei pulmonalem CMV-Befall beobachtet wird.

Nach Kenntnis der bisher vorliegenden Literatur steht ein Vergleich intra vitam gewonnener histologischer Befunde aus Lungenresektaten oder Lungenbiopsien mit den Werten der prädiktiven Marker wie pp65-Antigen, CMV-Anzucht, CMV-PCR und CMV-Ag-Test aus bronchoalveolärer Lavage und Blut aus. Diesen Methodenvergleich führen wir derzeit durch und haben nach ersten, noch nicht publizierten Daten eine gute Korrelation zwischen pp65 in Serum und Lavage einerseits und histologischem CMV-Nachweis (Eulenaugenzellen im Lungenparenchym) andererseits finden können. Da zur Zeit als „Goldstandard" für die CMV-Pneumonie immer noch die Histologie des Lungenparenchyms gilt, sollte deshalb eine bronchoskopisch entnommene transbronchiale Lungenbiopsie frühzeitig durchgeführt werden.

Typisch für eine CMV-Pneumonie finden sich histologisch im interstitiell verbreiterten Lungenparenchym herdförmig betont zahlreiche einkernige CMV-Riesenzellen im Epithel kollabierter Alveolen. Gelegentlich sind in einigen Herden die gesamten Alveolen fast ausgekleidet von CMV-Riesenzellen.

Im Falle eines Spontanpneumothorax lassen sich histologisch am Pleuradefekt in den Deckzellen eulenaugenartig konfigurierte, vergrößerte Zellen mit großen Nuklei nachweisen.

In der immunhistochemischen Aufarbeitung auf CMV-Antigen lassen sich CMV-Riesenzellen positiv darstellen.

Größere Erfahrungen zur Therapie einer CMV-Pneumonie existieren bisher nicht und orientieren sich in der Regel an den standardisierten Therapiekonzepten von Ganciclovir oder Foscarnet. Angaben zu Dauer der Akuttherapie oder Intensität der Suppressionstherapie liegen entsprechend ebensowenig vor wie Erfahrungen mit neueren Substanzen, z.B. Cidofovir oder Lobucavir. Nach eigenen Erfahrungen bei CMV-Pneumonien sollten entweder eine intensive Doppeltherapie mit Ganciclovir und Foscarnet in der Akutphase je nach klinischem Ansprechen und unbedingt eine Erhaltungstherapie mit einer der Substanzen oder ein alternierendes Schema eingesetzt werden. Für die Beurteilung eines Behandlungserfolgs kann neben pp65-Bestimmungen aus dem Serum die Gallium-Szintigraphie hilfreich sein, zumal histologische Kontrollen in der Regel nicht zumutbar sind und hier Kriterien zur Beurteilung des Therapieeffektes bisher nicht vorliegen.

Zusammenfassung

Klinisch, radiologisch und anamnestisch ist eine CMV-Pneumonie bei Patienten mit AIDS nicht von einer PCP zu unterscheiden, zumal beide Erreger häufig gleichzeitig auftreten.

Derzeit wird üblicherweise eine CMV-Pneumonie nur bei ausbleibendem Erfolg einer PCP-Therapie oder alleinigem

Nachweis einer CMV-Infektion der Lunge behandelt. Dabei besteht die Gefahr, wertvolle Zeit verstreichen zu lassen. Zudem legen die Ergebnisse der Untersuchungen aus Sektionsgut eine größere Rolle der CMV-Pneumonie bei AIDS nahe, als sie üblicherweise intra vitam erkannt wird.

Es besteht Unsicherheit in der Bewertung indirekter Verfahren wie dem Nachweis von pp65-Antigen, CMV-PCR und CMV-Anzucht aus bronchoalveolärer Lavage. Daher ist z.Zt. ein sicherer Nachweis einer CMV-Pneumonie nur mittels Histologie zu erreichen.

Diese sollte bei interstitieller Pneumonie ohne Nachweis von Pneumozysten und bei protrahiertem Verlauf einer PCP rasch angestrebt werden.

Literatur

[1] Bek B, Boeckh M, Lepenies J et al.: High-Ievel sensitivity of quantitative pp65 Cytomegalovirus antigenemia assay for diagnosis of CMV disease in AIDS patients and follow up. J. Clin. Microbiol. 34 (1996) 457-459

[2] Bower M, Batron SE, Nelson MR et al.: The significance of the detection of cytomegalovirus in the bronchoalveolar lavage fluid in AIDS patients with pneumonia. AIDS 4 (1990) 317-320

[3] Crawford SW, Bowden RA, Hackman RC et al: Rapid detection of Cytomegalovirus pulmonary infection by bronchoalveolar lavage and centrifugation culture. Ann. Intern. Med. 108 (1988) 180-185

[4] Dore GJ, Marriott DJ, Duflou JA: Clinico-pathological study of cytomegalovirus (CMV) in AIDS autopsies: under-recogntion of CMV pneumonitis and CMV adrenalitis. Aust. NZ J. Med. 25 (1995) 503-506

[5] Heise W: Die Zytomegalievirus-Infektion bei HIV – Derzeitiger Stand der Therapie und Prophylaxe. AIFO 10 (1995) 535-542

[6] Jacobson MA, MilIs J: Serious cytomegalovirus disease in the acquired immunodeficiency syndrome (AIDS): clinical findings, diagnosis, and treatment. Ann. Intern. Med. 108 (1988) 585-594

[7] Katlama C: Cytomegalovirus gastromtestinal disease in acquired immune deficiency syndrome. Eur. J. Gastroenterol. Hepatol. 4 (1992) 443-448

[8] Miller R: HIV-associated respiratory diseases. Lancet 348 (1996) 307-312

[9] Murray JF, Felton CP, Garay SM et al.: Pulmonary complications of the
acquired immunodeficiency syndrome: report of a National Heart Lung, and Blood Institute workshop. N. Engl. J. Med. 310 (1984) 1682-1688

[10] Reusser P: Cytomegalovirus infection and disease after bone marrow transplantation: epidemiology, prevention, and treatment. Bone Marrow Transplant. 7 (Suppl. 3) (1991) 52-56

[11] Salzberger B, Franzen C, Fätkenheuer G et al.: CMV-Antigenemia in peripheral blood for the diagnosis of CMV-disease in HIV-infected patients. J. Acquir. Immune Defic. Syndrome Hum. Retrovirol. 11 (1996) 365-369 (a)

[12] Schooley RT: Cytomegalovirus in the setting of infection with human immunodeficiency virus. Rev. Infectdis. 12 (1990) S811-S819

[13] Stratta RJ, Shaefer MS, Markin RS et al.: Clinical patterns of cytomegalovirus disease after liver transplantation. Arch. Surg. 124 (1989) 1443-1450

[14] Smith CB: Cytomegalovirus Pneumonia – State of the Art. Chest/95/3/
March (1989) Supplement (Aspen Lung Conference)

[15] van Son WJ, The TH: Cytomegalovirus infection after organ transplantaion: an update with special emphasis on renal transplantation. Transplant. Int. 2 (1989) 147-164

[16] Wingard JR, Piantadosi S, Burns WH et al.: Cytomegalovirus infections in bone marrow transplant recipients given intensive cytoreductive therapy. Rev. Infect. Dis. 12 (Suppl. 7) (1990) S793-803

[17] Wallac JM, Hannah J: Cytomegalovirus pneumonitis in patients with AIDS: findings in an autopsy series. Chest 92 (1987) 198-203

Gastrointestinale Manifestationen der Cytomegalievirus-Infektion bei HIV

Walter Heise

Die Cytomegalievirus(CMV)-Infektion gilt als eine der wichtigsten opportunistischen Infektionen im Rahmen der HIV-Infektion. Sie imponiert bei fortgeschrittener Immunschwäche mit disseminiertem Befall vieler Organe und kann autoptisch bei über 50% aller AIDS-Patienten nachgewiesen werden. Dabei können zu Lebzeiten der Patienten nach der Retinitis als wichtigster CMV-Manifestation (6 bis 15% aller HIV-Patienten) bei 5 bis 10% gastrointestinale CMV-Veränderungen diagnostiziert werden. Dagegen werden Lunge und zentrales bzw. peripheres Nervensystem seltener befallen [18, 19]. Werden HIV-Patienten (mit CD4-Zellzahlen < 150/ml) wegen gastrointestinaler Symptome hinsichtlich der Häufigkeit eines CMV-Befalls untersucht, so können bei bis zu 33% CMV-Manifestationen nachgewiesen und die Bedeutung dieses Enteropathogens für die HIV-Erkrankung dokumentiert werden. Bei zunehmenden Überlebenszeiten der Patienten und verbesserten prophylaktischen bzw. antiretroviralen Therapiemöglichkeiten ist die CMV-Erkrankung bei AIDS häufiger geworden [19], obwohl der Nachweis im Gastrointestinaltrakt (GIT) eher von der Intensität der Diagnostik als von untersuchten Patientengruppen abhängt. Der Gastrointestinaltrakt ist – anders als Lunge, Zentralnervensystem oder die endokrinen Organe – wegen der guten endoskopischen Zugänglichkeit für die frühe Diagnose einer CMV-Erkrankung günstig. Unter den Vorzeichen neuer, sensitiverer Parameter für die frühzeitige Diagnose einer CMV-Infektion (z.B. pp65-Antigen, qualitative und quantitative PCR) ist auch für die gastrointestinalen Manifestationen evtl. mit einer schnelleren Diagnosestellung zu rechnen [1, 7, 26]. Da die klinische Bedeutung der CMV-Erkrankung bei AIDS in kürzeren Überlebenszeiten und einer Progression der Immunsuppression zu sehen ist, bleibt die frühe Diagnose dieser Manifestation weiterhin dringlich. Gleichzeitig haben sich die therapeutischen Konzepte in den letzten Jahren gewandelt und bieten neue Therapieoptionen – neben den bestehenden, als „Goldstandard" geltenden Substanzen Ganciclovir und Foscarnet. Inwieweit diese neuen CMV-Therapiemethoden auch beim gastrointestinalen Befall als erfolgreich anzusehen sind, wird erst die Zukunft zeigen können.

Im Folgenden sollen deshalb das klinische Erscheinungsbild gastrointestinaler CMV-Manifestationen, die diagnostischen Methoden sowie der derzeitige Stand der Therapie dargestellt werden.

Pathogenese der gastrointestinalen CMV-Manifestationen

Gastrointestinale CMV-Läsionen, die bei Immunkompetenten nur in Ausnahmefällen vorkommen, werden fast ausschließlich bei Patienten mit relativer Immunschwäche, z.B. bei Älteren, bei Patienten mit Diabetes mellitus, Malignomen, Kollagenosen oder unter Corticoid-Therapie, beobachtet [4, 6]. Klinische Bedeutung besitzen vor allem CMV-Manifestationen Immunkompetenter mit passagerer Immunsuppression, z.B. nach Organ- bzw. Knochenmarktransplantation oder Chemotherapie. Sie treten bei 2 bis 16% dieser Gruppe auf und haben aufgrund steigender Transplantationszahlen an Aktualität gewonnen [4]. Dabei sind die Besonderheiten des Organverteilungsmusters unklar. Gastrointestinale CMV-Läsionen kommen vor allem nach Herz- oder Herzlungentransplantation vor, werden aber auch nach Nierentransplantation beobachtet.

Typischerweise geht die Reaktivierung der CMV-Infektion unter den Bedingungen einer veränderten Erreger-Wirt-Situation (z.B. bei Immunsuppression) im Gastrointestinaltrakt wie auch in anderen Organsystemen mit der Bildung intranukleärer zytoplasmatischer Einschlußkörper einher [15]. Dabei wird ein Befall endothelialer Zellen am häufigsten gesehen. Dagegen wird CMV in epithelialen Zellen, glatter Muskulatur, Fibroblasten, Histiozyten oder Ganglienzellen seltener nachgewiesen [8, 13]. Die histologischen Befunde können variieren und zeigen sowohl Riesenzellen im Kapillarendothel des Schleimhautstromas mit ausgeprägter Vaskulitis als auch einen mukosalen Befall mit entzündlicher Komponente [8, 17, 28]. Allerdings korrelieren das Ausmaß der mukosalen Läsion, die histopathologische Reaktion und der morphologische Typ der CMV-Einschlüsse nicht miteinander [28]. Pathophysiologisch prädisponiert besonders die Vaskulitis durch eine Ischiämie in mesenchymalen Zellen zu Erosionen oder Ulzerationen [17].

Häufigkeit des CMV-Befalls im Gastrointestinaltrakt

In 12 bis 33% der symptomatischen HIV-Patienten, die wegen Diarrhö, Gewichtsabnahme, abdominellen Schmerzen oder anderen gastrointestinalen Symptomen systematisch untersucht werden, und bei denen die histopathologische Sicherung der CMV-Infektion als Kriterium gilt, wird CMV nachgewiesen [3, 16, 22, 30]. Die CMV-Infektion ist somit neben der Candida-Ösophagitis als wichtigste Infektion im Gastrointestinaltrakt anzusehen.

Eine für CMV-Manifestationen im GIT charakteristische Symptomatik wird dabei nicht beschrieben. Dysphagie, Gewichtsabnahme, abdominelle Schmerzen und Diarrhö treten bei CMV-Befall des Gastrointestinaltrakts signifikant häufiger auf als bei HIV-Patienten ohne Enteropathogen [30]. Trotzdem muß diese Symptomatik im Vergleich zu anderen opportunistischen Infektionen als unspezifisch angesehen werden. Außerdem sollte man bedenken, daß – besonders bei Befall des Kolons – bei bis zu 50% der Betroffenen weitere Enteropathogene zusätzlich zu CMV nachgewiesen werden, die ebenso Ursache für die bestehende Symptomatik sein können [19, 30].

Unterschiedliche Angaben zur Häufigkeit der gastrointestinalen CMV-Erkrankung bei AIDS-Patienten resultieren aus dem Umstand, daß in einzelnen Erhebungen vor allem oder ausschließlich Diarrhö-Patienten ausgewertet wurden und nur eine koloskopische Diagnostik durchgeführt wurde. Eigene Untersuchungen bei insgesamt 185 symptomatischen HIV-Patienten mit gastrointestinaler CMV-Erkrankung haben beispielsweise gezeigt, daß von 96 Patienten mit CMV-Kolitis immerhin 27% zusätzlich auch Läsionen im oberen Verdauungstrakt aufwiesen und folglich andere Prävalenzen resultieren.

Verteilungsmuster gastrointestinaler CMV-Manifestationen

HIV-assoziierte Manifestationen der CMV-Infektion im Verdauungssystem können grundsätzlich in allen Abschnitten des Verdauungstrakts – vom Oropharnyx bis zur Analregion – nachgewiesen werden. Läsionen der Zunge oder des Pharynx ebenso wie die analen bzw. perianalen Ulzerationen ähneln dabei makroskopisch den durch *Herpes simplex* bedingten Schleimhautveränderungen bzw. malignen Lymphomen. Hier liefert erst die Histologie den endgültigen Beweis [14, 17, 19, 24]. Ösophagus, Magen/Duodenum, Ileozökalregion und Rektosigmoid sind als Prädilektionsorte der Läsionen anzusehen und werden in der Literatur am häufigsten genannt [17, 19, 35].

Unterschiedliche Angaben finden sich zum CMV-Nachweismuster innerhalb der Organabschnitte: Übereinstimmend werden CMV-Kolitiden häufiger gefunden als Manifestationen im oberen GIT [10, 19]. Allerdings wurden in die meisten Untersuchungen mehr Diarrhö-Patienten einbezogen; somit erscheint die Auswahl selektiv. Im Kolon werden sowohl ein diffuses Befallsmuster als auch lokalisierte Läsionen besonders im rechtsseitigen Kolon bzw. Zoekum gegenüber dem Rektosigmoid angegeben [10]. Dieses Verteilungsmuster begründet auch die Frage, ob für die Diagnose einer CMV-Kolitis eine Rektosigmoidoskopie als ausreichend anzusehen ist oder eine komplette Koloskopie zu fordern ist. Nach eigenen Daten finden sich im Zoekum noch bei über 50% der symptomatischen Patienten mit CMV-Kolitis histologisch CMV-Veränderungen. Da nach diesen Ergebnissen etwa 25% der CMV-Diagnosen wegen ihrer ausschließlichen Lokalisation oberhalb des Sigmas bei partieller endoskopischer Untersuchung (z.B. Rektosigmoidoskopie) nicht erkannt würden, sollte nach Meinung der Autoren auf eine komplette Koloskopie nicht verzichtet werden.

Weitere Manifestationen innerhalb des Gastrointestinaltrakts findet man z.B. in Leber, Pankreas und Milz. Aufgrund fehlender organtypischer Symptomatik werden sie meist erst autoptisch nachgewiesen [20, 32]. Auch ein Befall des biliären Systems wird beobachtet: CMV stellt neben Mikrosporidien und Kryptosporidien das wichtigste Enteropathogen bei AIDS-assoziierter Cholangitis dar und läßt sich histopathologisch im Gallengangsystem bzw. der Gallenblase nachweisen [5].

Endoskopische Befunde der CMV-Manifestationen

Die Diagnose einer CMV-Manifestation des Gastrointestinaltrakts wird endoskopisch gestellt und durch den histopathologischen Befund gesichert. Das Spektrum der endoskopisch nachweisbaren Schleimhautveränderungen reicht vom Normalbefund über leichte unspezifische erythematöse Veränderungen im oberen und unteren GIT bis zu erosiven und ulzerösen Veränderungen. Typisch erscheinen insbesondere die großen, länglichen, linearen Ulzera im mittleren oder distalen Ösophagus ohne entzündliche Randreaktion, die als pathognomonisch für den CMV-Befall anzusehen sind [17, 33]. Im Kolon wird eine Vielfalt von Schleimhautläsionen beschrieben, die vom Erythem über leichte Formen einer Kolitis mit kleinen Hämorrhagien und Erosionen bis hin zu Ulzerationen führen. Sie treten solitär oder multipel auf und können gelegentlich auch nekrotizierende Kolitiden verursachen [11, 17, 25]. Allerdings kann bei 15 bis 25% ein makroskopischer Normalbefund vorliegen und Stufenbiopsien bei symptomatischen Patienten rechtfertigen, um die CMV-Manifestation nachzuweisen [10, 19].

Obwohl keine strenge Korrelation zwischen Läsion und CMV-Nachweis existiert, besitzen Ulzerationen einen hohen prädiktiven Wert für CMV und lassen gehäuft histopathologisch Riesenzellen finden [17, 22].

Komplikationen der CMV-Manifestationen im Gastrointestinaltrakt

Die Mehrzahl der gastrointestinalen Manifestationen verläuft unter Therapie auch trotz teilweise ausgeprägter Schleimhaut-Ulzerationen unkompliziert. Dennoch müssen lebensbedrohliche Komplikationen der CMV-Manifestationen (z.B. Perforation, Obstruktion oder Blutung) bedacht werden. Pathophysiologisch werden sie vor allem durch die ulzerösen Schleimhautdefekte erklärt, die bei ausgedehnter Vaskulitis mit Befall endothelialer Zellen von Kapillaren und Venen zum tiefen Schleimhautdefekt und sekundärer Blutung oder Perforation prädisponieren [13, 18, 25]. Publikationen zu HIV-assoziierten abdominellen chirurgischen Eingriffen beschreiben CMV-Manifestationen an erster Stelle der gastrointestinalen opportunistischen Erreger [35]. Untersuchungen zur Prävalenz dieser Komplikationen bei CMV-Manifestationen existieren bisher nicht oder beschränken sich auf Einzelfallbeschreibungen, in denen insbesondere auf die intestinalen Perforationen hingewiesen wird [13, 21]. Bei therapieresistenten Ulzera (besonders im Ileozökalbereich) oder komplizierten CMV-assoziierten Blutungen hat sich eine operative Therapie als wirksam erwiesen [29], die allerdings immer von einer systemischen Behandlung mit Ganclicovir oder Foscarnet begleitet werden sollte. Diese Eingriffe gehen aber mit einer hohen perioperativen Mortalität, kurzen Überlebenszeiten und hohen Rezidivraten einher [31]. Die im eigenen Patientengut beobachtete Komplikationsrate für gastrointestinale Blutungen, Perforationen oder Obstruktionen von 14% dokumentiert die Schwere des Krankheitsbilds und die Dringlichkeit einer frühen endoskopischen Diagnose.

Diagnostische Kriterien gastrointestinaler CMV-Läsionen

Eine CMV-Manifestation im Verdauungstrakt wird endoskopisch und durch den histopathologischen CMV-Nachweis diagnostiziert. Dabei gilt der CMV-Nachweis als pathognomonisch, wenn bei Bestehen einer gastrointestinalen Symptomatik makroskopisch Schleimhautläsionen und histologisch CMV-typische Veränderungen erkennbar sind. Als „Goldstandard“ einer CMV-Manifestation im Gastrointestinaltrakt gilt bisher der histopathologische Befund intranukleärer oder intrazytoplasmatischer Einschlußkörper bzw. der immunhistochemische Nachweis CMV-infizierter Zellen [8, 17, 22, 36]. Mit Standardfärbungen der Histologie (z.B. Hämatoxylin-Eosin) und Immunhistochemie lassen sich CMV-befallene Zellen erfassen. Ein erfahrener Pathologe kann so die histopathologische CMV-Diagnose stellen. Allerdings kann auch der alleinige immunhistochemische Nachweis CMV-befallener Zellen indikativ sein. Die in früheren Jahren verwendete CMV-Kultur auf Fibroblasten, mit der aufgrund des zytopathischen Effekts die Virusreplikation nachgewiesen wurde, ist trotz großer Sensitivität wegen des Zeitaufwands im Routinebetrieb bei der CMV-Diagnostik aufgegeben worden [15, 17].

In den letzten Jahren sind als diagnostische Methoden zusätzlich In-situ-Hybridisierung und die Polymerase-Ketten-Reaktion (PCR) (über eine DNA-Amplifikation) aus Biopsiematerial zum CMV-Nachweis eingesetzt worden [14, 36]. Besonders bei atypischen CMV-Einschlußkörpern kann der Nachweis von Virus-DNA mittels In-situ-Hybridisierung als hoch sensitiv im Vergleich zu Histologie und Immunhistochemie angesehen werden [13, 28].

Mit der PCR kann heute aus fast jedem Material CMV-DNA oder -RNA nachgewiesen werden. Sie weist im Vergleich mit den übrigen diagnostischen Methoden auch bei Biopsiematerial des Verdauungstrakts eine höhere Sensitivität auf [15]. Für die Beurteilung des Verlaufs und damit für ein Monitoring von HIV-Patienten werden neuerdings auch quantitative Bestimmungen von CMV-DNA aus Biopsien erfolgreich eingesetzt [7]. Auch die Stuhluntersuchung mittels PCR wird möglicherweise in Zukunft bei der Diagnostik helfen. Dies zeigen die ersten Daten zum Ausschluß einer CMV-Kolitis [23].

In Ergänzung der PCR-Befunde aus peripherem Blut oder Biopsiematerial steht mit der Bestimmung des pp65-Antigens ein hochsensitiver und spezifischer Parameter für die Diagnose einer CMV-Manifestation bei HIV-Patienten zur Verfügung. Dieser erfaßt nach bisherigen Erfahrungen die disseminierte Infektion und somit auch Manifestationen des Verdauungssystems [1, 26]. Zukünftige Untersuchungen werden zeigen müssen, inwieweit sich hiermit ein diagnostischer Standard auch für den Verlauf der CMV-Infektion im GIT herstellen läßt.

Therapie gastrointestinaler CMV-Manifestationen

Die Therapie gastrointestinaler CMV-Läsionen entspricht der systemischen Behandlung der CMV-Retinitis. Für den Magen-Darm-Trakt liegen jedoch deutlich weniger Daten bzw. kontrollierte Studien vor.

Trotzdem gelten als Therapie der Wahl gleichwertig Ganciclovir bzw. Foscarnet, die – ähnlich dem übrigen Organbefall – bei gastrointestinalen CMV-Manifestationen sowohl zur Akuttherapie als auch (für einzelne Indikationen) zur lebenslangen Suppressionstherapie eingesetzt werden. In der Regel wird aufgrund der leichteren und für den Patienten weniger belastenden Appikation Ganciclovir als Substanz der ersten Wahl benutzt. Dabei werden meist die bei der CMV-Retinitis bewährten Dosierungen der beiden Medikamente gewählt: Ganciclovir zweimal 5 mg/kg KG/d (i.v.) bzw. Foscarnet zweimal 90 mg/kg KG/d (i.v.) über mindestens 14 Tage, im Mittel drei oder vier Wochen. Als Erfolgskriterien gelten eine Abheilung der endoskopisch faßbaren Läsionen bzw. histopathologisch das Verschwinden CMV-typischer Veränderungen.

Die Literaturdaten zeigen, daß bei CMV-Läsionen des Gastrointestinaltrakts mit beiden Substanzen Ansprechraten von 75 bis 85% mit weitgehender Abheilung der Schleimhautläsionen erreicht werden [3, 9]. Ösophagus-Ulzera scheinen dabei besser auf die Therapie anzusprechen als die CMV-Kolitiden, was pathophysiologisch durch die multifaktorielle Genese einer Kolitis bei HIV erklärt wird. Alternative, aus der Therapie der Retinitis bekannte Therapieschemata (Foscarnet-Gabe an fünf statt sieben Tagen, Doppeltherapie mit Ganciclovir und Foscarnet bei komplizierten Verläufen oder der Wechsel der Substanzen bei Therapieversagen) führen zu vergleichbaren Ansprechraten ohne gleichzeitig erhöhte Nebenwirkungen [12, 27].

Anders als bei der Retinitis wird bei gastrointestinalen Manifestationen bisher nicht einheitlich eine Suppressionstherapie durchgeführt. Rezidive der CMV-Manifestationen treten bei 25 bis 62% der Patienten entweder erneut im Gastrointestinaltrakt oder als Retinitis auf [18, 33]. BLANSHARD konnte zeigen, daß auch eine Erhaltungstherapie bei gastrointestinalem Befall eine Progression der Erkrankung nicht verhindert [3], so wie im eigenen Patientengut Rezidive trotz Suppressionstherapie bei 25% der Patienten innerhalb eines halben Jahres vorkamen. Allgemein wird deshalb heute bei komplizierten gastrointestinalen Verläufen mit ausgeprägten Läsionen, Formen mit Ösophagus-Ulzerationen und nach Auftreten eines Rezidivs eine Suppressionstherapie im Anschluß an die Akutbehandlung empfohlen.

Erfahrungen mit den neueren Substanzen zur CMV-Therapie (z.B. Cidofovir) bei Manifestationen im Gastrointestinaltrakt liegen bisher nicht vor.

Zusammenfassung

Gastrointestinale CMV-Manifestationen stellen bei AIDS-Patienten mit fortgeschrittener Immunsuppression ein klinisch relevantes Krankheitsbild dar, das bei bis zu 10% der Patienten vorkommt. Die klinische Bedeutung wird dabei durch zum Teil ausgeprägte Symptome und (seltener) durch die möglichen lebensbedrohlichen Komplikationen (z.B. gastrointestinale Blutungen, Perforationen oder Obstruktionen) dokumentiert. Grundsätzlich sind CMV-Manifestationen im gesamten Verdauungstrakt vom Oropharynx bis zum Analbereich möglich, wobei der Ösophagus, Magen/Duodenum, Ileozökalbereich und Rektosigmoid als Prädilektionsorte anzusehen sind. Die Diagnose einer CMV-Manifestation wird endoskopisch gestellt; CMV-assoziierte Schleimhautveränderungen bieten dabei ein breites Spektrum von Läsionen, von denen die Ulzerationen als indikativ für den CMV-Befall gelten. Histopathologisch bzw. immunhistochemisch kann die Diagnose aus Biopsiematerial vom erfahrenen Pathologen sicher gestellt werden. Neue Nachweismethoden wie die PCR aus Biopsien bieten für die Zukunft höhere Sensitivität und können außerdem als Verlaufsparameter dienen. Als Therapie der Wahl gelten Ganciclovir und Foscarnet, die in 75 bis 80% zur Abheilung der gastrointestinalen CMV-Läsionen führen.

Literatur

[1] Bek B, Boeckh M, Lepenies J, Bieniek B, Arastéh K, Heise W, Deppermann KM, Bornhöft G, Stöffler-Meilicke M, Schuller I, Höffken G: High-level sensitivity of quantitative pp65 Cytomegalovirus (CMV) antigenemia assay for diagnosis of CMV disease in AIDS patients and follow-up. J. Clin. Microbiol. 34 (1996) 457-459

[2] Blanshard C: Treatment of HIV-related Cytomegalovirus disease of the gastrointestinal tract with Foscarnet. J. Acquired Immune Defic. Syndr. 5 (Suppl. 1) (1992) S25- S28

[3] Blanshard C, Benhamou Y, Dohin E, Lernestedt JO, Gazzard BG, Katlama C: Treatment of AIDS-associated gastrointestinal Cytomegalovirus infection with Foscarnet and Ganciclovir: A randomized comparison. J. Infect. Dis. 172 (1995) 622-628

[4] Buckner SB, Pomeroy C: Cytomegalovirus disease of the gastrointestinal tract in patients without AIDS. Clin. Infect. Dis. 17 (1993)

644-656

[5] Cello JP: Acquired Immunodeficiency Syndrome Cholangiopathy: Spectrum of disease. Am. J. Med. 86 (1989) 539-546

[6] Cheung ANY, Ng IOL: Cytomegalovirus infection of the gastrointestinal tract in non-AIDS patients. Am. J. Gastroenterol. 11 (1993) 1882-1886

[7] Cotte L, Drouet E, Bailly F, Vitozzi S, Denoyel GA, Trepo C: Cytomegalovirus DNA level on biopsy specimens during treatment of Cytomegalovirus gastrointestinal disease. Gastroenterology 111 (1996) 439-444

[8] Culpepper-Morgan JA, Kotler DP, Scholes JV, Tierney AR: Evaluation of diagnostic criteria for mucosal cytomegalic inclusion disease in the acquired immune deficiency syndrome. Am. J. Gastroenterol. 82 (1987) 1264-1270

[9] Dieterich DT, Chachoua A, Lafleur F, Worrell C: Ganciclovir treatment of gastrointestinal infections caused by cytomegalovirus in patients with AIDS. Rev. Infect. Dis. 10 (Suppl.) (1988) S532-S537

[10] Dieterich DT, Rahmin M: Cytomegalovirus colitis in AIDS: Presentation in 44 patients and a review of the literature. J. Acquired Immune Defic. Syndr. 4 (Suppl. 1) (1991) S29-S35

[11] Dieterich DT, Kotler DP, Busch DF, Crumpacker C, Du Mond C, Dearmond B, Buhles W: Ganciclovir treatment of cytomegalovirus colitis in AIDS: A randomized double-blind, placebo-controlled multicenter study. J. Infect. Dis. 167 (1993) 278-282

[12] Dieterich DT, Poles MA, Lew EA, Mendez PE, Murphy R, Addessi A, Holbrook JT, Naughton K, Friedberg DN: Concurrent use of Ganciclovir and Foscarnet to treat Cytomegalovirus infection in AIDS patients. J. Infect. Dis. 167 (1993) 1184-1188

[13] Genta RM, Bleyzer I, Cate TR, Tandon AK, Yoffe B: In situ hybridization and immunohistochemical analysis of cytomegalovirus-associated ileal perforation. Gastroenterology 104 (1993) 1822-1827

[14] Goodgame RW: Gastrointestinal cytomegalovirus disease. Ann. Intern. Med. 119 (1993) 924-935

[15] Goodgame RW, Genta RM, Estrada R, Demmler G, Buffone G: Frequency of positive tests for cytomegalovirus in AIDS patients: Endoscopic lesions compared with normal mucosa. Am. J. Gastroenterol. 88 (1993) 338-343

[16] Heise W, Mostertz P, Arastéh K, Skörde J, L'age M: Gastrointestinale Befunde bei der HIV-Infektion. Dtsch. med. Wschr. 113 (1988) 1588-1593

[17] Heise W, Mostertz P, Arastéh K, Nehm K, Skörde J, Schneider Ch,

Timm H, Grosse G, Niedobitek F, L,age M: Gastrointestinale Zytomegalievirus-Manifestationen bei AIDS. Zschr. Gastroenterol. 27 (1989) 725-730

[18] Heise W: Die Zytomegalievirus-Infektion bei HIV- Derzeitiger Stand der Therapie und Prophylaxe. AIFO 10 (1995) 535-542

[19] Katlama C: Cytomegalovirus gastrointestinal disease in acquired immune deficiency syndrome. Eur. J. Gastroenterol. Hepatol. 4 (1992) 443-448

[20] Klatt EC, Nichols L, Noguchi TT: Evolving trends revealed by autopsies of patients with the acquired immunodeficiency syndrome. Arch. Pathol. Lab. Med. 118 (1994) 884-890

[21] Kram HB, Shoemaker WC: Intestinal perforation due to cytomegalovirus infection in patients with AIDS. Dis. Colon Rectum 33 (1990) 1037-1040

[22] Mentec H, Leport C, Leport J, Marche C, Harzic M, Vildé JL: Cytomegalovirus colitis in HIV-1-infected patients: A prospective research in 55 patients. AIDS 8 (1994) 461-467

[23] Michel D, Marre E, Hampl W, Roczkos J, Müller S, Hertenstein B, Kern P, Heymer B, Salzberger B, Arastéh K, Mertens T: Intestinal Cytomegalovirus disease in immunocompromised patients may be ruled out by search for Cytomegalovirus DNA in stool samples. J. Clin. Microbiol. 33 (1995) 3064-3067

[24] Puy-Montbrun T, Denis J, Ganansia R, Mathoniere F, Lemarchand N, Arnous-Dubois N: Anorectal lesions in human immunodeficiency virus-infected patients. Int. J. Colorect. Dis. 7 (1992) 26-30

[25] René E, Marche C, Chevalier T, Rouzioux C, Regnier B, Saimot AG, Negesse Y, Matheron S, Leport C, Wolff B, Moriniere B, Katlama C, Godeberge B, Vittecoq B, Bricaire F, Brun-Vesinet C, Pangon B, Deluol AM, Coulaud JP, Modai J, Frottier J, Vilde L, Vachon F, Mignon M, Bonfils S: Cytomegalovirus colitis in patients with acquired immunodeficiency syndrome. Dig. Dis. Sci. 33 (1988) 741-750

[26] Salzberger B, Franzen C, Fätkenheuer G, Cornely O, Schwenk A, Rasokat H, Diehl V, Schrappe M: CMV-Antigenemia in peripheral blood for the diagnosis of CMV-disease in HIV-infected patients. J. Acquired Immune Defic. Syndr. Hum. Retrovirol. 11 (1996) 365-369

[27] Salzberger B, Stöhr A, Heise W et al.: Foscarnet 5 vs. 7 days a week treatment for severe gastrointestinal CMV-disease in HIV-infected patients. Infection 24 (1996) 121-124

[28] Schwartz DA, Wilcox CM: Atypical cytomegalovirus inclusions in gastrointestinal biopsy specimens from patients with the acquired immunodeficiency syndrome: Diagnostic role of in situ nucleic acid hybridization. Human Pathology 23 (1992) 1019-1026

[29] Söderlund C, Bratt GA, Engström L, Grützmeier S, Nilsson R, Sjunnesson M, Sandström E: Surgical treatment of cytomegalovirus enterocolitis in severe human immunodeficiency virus infection. Dis. Colon Rectum 37 (1994) 63-72

[30] Ullrich R, Heise W, Bergs C, L,age M, Riecken EO, Zeitz M: Gastrointestinal symptoms in patients infected with human immunodeficiency virus: Relevance of infective agents isolated from the gastrointestinal tract. Gut 33 (1992) 1080-1084

[31] Wexner SD, Smithy WB, Trillo C, Hopkins BS, Dailey TH: Emergency colectomy for cytomegalovirus ileocolitis in patients with the acquired immune deficiency syndrome. Dis. Colon Rectum 31 (1988) 755-761

[32] Wilcox CM, Forsmark CE, Grendell JH, Darragh TM, Cello JP: Cytomegalovirus-associated acute pancreatic disease in patients with acquired immunodeficiency syndrome. Gastroenterology 99 (1990) 263-267

[33] Wilcox CM, Straub RF, Schwartz DA: Cytomegalovirus esophagitis in AIDS: A prospective evaluation of clinical response to Ganciclovir therapy, relapse rate, and long-term outcome. Am. J. Med. 98 (1995) 169-176

[34] Wilcox CM, Schwartz DA, Cotsonis G, Thompson III SE: Chronic unexplained diarrhea in human immunodeficiency virus infection: Determination of the best diagnostic approach. Gastroenterology 110 (1996) 30-37

[35] Wilson SE, Robinson G, Williams RA, Stabile BE, Cone L, Sarfeh IJ, Miller DR, Passaro E: Acquired immune deficiency syndrome (AIDS)- Indications for abdominal surgery, pathology, and outcome. Ann. Surg. 210 (1989) 428-434

[36] Wu GD, Shintaku P, Chien K, Geller SA: A comparison of routine light microscopy, immunohistochemistry, and in situ hybridization for the detection of cytomegalovirus in gastrointestinal biopsies. Am. J. Gastroenterol. 84 (1989) 517-1520

CMV-Infektionen nach allogener Knochenmarktransplantation

Ernst Holler, G. Jäger, H. J. Kolb

CMV-Infektionen und Erkrankungen tragen in erheblichem Maße zur transplantationsassoziierten Morbidität und Mortalität nach allogener Stammzelltransplantation bei: In den ersten sechs Monaten nach allogener Transplantation liegen infolge der erst allmählich erfolgenden Immunrekonstitution und der zusätzlich erforderlichen Immunsuppression T-Zell-Defekte vor. Diese führen bei Patienten, die entweder selbst CMV-positiv sind und/oder allogene Stammzellen von CMV-positiven Spendern erhalten haben, in bis zu 70% der Fälle zur CMV-Reaktivierung und -Infektion. 10 bis 30% aller Patienten entwickeln eine manifeste CMV-Erkrankung; dabei stellt die interstitielle Pneumonie (CMV-IP) die gefürchtetste Komplikation dar und ist bei später Behandlung mit einer hohen Letalität assoziiert [7]. Vor diesem Hintergrund kommt der Frühdiagnostik und Frühtherapie der CMV-Infektion nach allogener Stammzelltransplantation eine entscheidende Bedeutung zu. Die wichtigsten Grundsätze und eigenen Erfahrungen hierzu sollen in diesem Beitrag zusammengefaßt werden.

Diagnostik der CMV-Infektion

Die bei nicht immunsupprimierten Patienten primär eingesetzte serologische Dokumentation einer CMV-Infektion über den Nachweis von IgM-Titern oder Titeranstiegen des CMV-IgGs ist in den ersten zwei Jahren nach allogener

Stammzelltransplantation wenig verläßlich, da die Patienten wegen der langanhaltenden B-Zell-Defekte selten mit einer adäquaten Antikörperantwort reagieren. Aus diesem Grund müssen in der Überwachung allogen stammzelltransplantierter Patienten direkte Nachweise von Virusproteinen oder Virusgenom eingesetzt werden, die durch Kulturverfahren zu ergänzen sind. Der Erkennung der CMV-Virämie kommt dabei in der Frühdiagnose eine besondere Bedeutung zu, da diese der CMV-Erkrankung in der Mehrzahl der Fälle um zehn bis 17 Tage vorausgeht. Außerdem ist die CMV-Virämie als stärkster Risikofaktor für eine CMV-Erkrankung [5] ein wichtiges Entscheidungskriterium für die Einleitung einer Frühtherapie: Während der Immediate-Early-Antigen-Nachweis als Kulturverfahren zwar einen raschen direkten Kulturnachweis erlaubt, ist seine Sensitivität für die Frühdiagnostik zu gering [6]. Vorzuziehen sind deshalb für die Frühdiagnostik der Virämie der CMV-Antigenämie-Assay, der die Expression von CMV-Proteinen, vorwiegend pp65, auf Leukozyten untersucht, sowie der direkte DNA-Nachweis mittels PCR.

Während die Erkennung der CMV-Virämie im Antigenämie-Assay der Erkrankung etwa zehn Tage vorausgeht, erlauben auf der PCR basierende Methoden die Diagnose im Mittel 20 Tage vor dem Kulturnachweis. Beide Methoden haben andererseits ihre spezifischen Probleme: Beim Antigenämie-Assay besteht die Gefahr, daß die Latenz zum Ausbruch der Erkrankung zu kurz ist. Auf der PCR basierende Methoden haben zwar einen hohen negativen prädiktiven Wert, sie sind aber häufig zu sensitiv bezüglich einer definitiven Vorhersage der Erkrankung [3]. Abhilfe kann die Quantifizierung beider Assays schaffen; wesentlich ist hierfür das engmaschige Monitoring aller Patienten (ein- bis zweimal pro Woche).

Bei Verdacht auf eine CMV-Erkrankung ist wiederum die Frühdiagnose entscheidend. Jeder Patient mit respiratorischen Symptomen sollte möglichst früh einer spezifischen Diagnostik (radiologische Verfahren wie Röntgen-Thorax und High-Resolution CT) und einer sich anschließenden Bronchoskopie mit bronchio-alveolärer Lavage (BAL) zugeführt werden. Die CMV-Nachweise aus dem Blut müssen durch Untersuchung organspezifischen Materials ergänzt werden (BAL bei Verdacht auf CMV-IP mittels Immediate-Early-Antigen-Assay oder PCR bzw. Organbiopsien bei Verdacht auf Gastroenteritis oder Hepatitis mittels PCR).

CMV-Prophylaxe

Bei CMV-negativen Patienten, die Stammzellen von CMV-negativen Spendern erhalten, ist eine restriktive Transfusionsstrategie mit CMV-negativen Blutprodukten nach wie vor die wichtigste Maßnahme der CMV-Prophylaxe, wobei neben der Auswahl CMV-negativer Blutprodukte auch die effektive Leukozyten-Depletion protektiv ist [1]. Für die im Bereich der allogenen Stammzelltransplantation ohnehin wegen der früher hohen Inzidenz der Herpes-simplex-Infektion durchgeführte Prophylaxe mit Aciclovir konnte gezeigt werden, daß diese bei Langzeitgabe (> 6 Monate) einen protektiven Effekt hat [10]; die Verfügbarkeit spezifischerer Virostatika wie vor allem des Ganciclovirs läßt darauf aufbauende Strategien als sicherer erscheinen: In mehreren Studien konnte gezeigt werden, daß die präemptive Therapie mit Ganciclovir, gegeben entweder nach CMV-Nachweis in einer als Surveillance durchgeführten BAL [12] oder basierend auf einem CMV-Nachweis im Blut oder Rachenspülwasser [6], die Inzidenz der CMV-Erkrankungen, vor allem der CMV-IP, senken kann. Problematisch ist bei diesem Vorgehen allerdings die schon erwähnte Tatsache, daß 12 bis 13% der Patienten eine CMV-Erkrankung ohne vorhergehende Virusausscheidung, die in einer Überwachung erfaßt werden könnte, entwickeln. Durch die höhere Sensitivität kann eine auf einer positiven PCR-Reaktion basierende prä-emptive Therapie mit Ganciclovir die Ergebnisse dieser Strategie verbessern [2].

Eine alternative, aber nicht durch eine prospektive Studie abgesicherte Strategie wurde in unserer Transplantationseinheit gewählt. Wir erstellten einen Algorithmus aus drei wesentlichen Risikofaktoren für die Entwicklung einer CMV-Erkrankung: der Seropositivität für Spender oder Empfänger, der Entwicklung einer behandlungsbedürftigen akuten Graft-versus-Host-Erkrankung (GvHD) sowie dem Virämienachweis. Sobald Patienten zwei von drei Kriterien erfüllten, wurde eine prä-emptive Therapie mit Ganciclovir eingeleitet. Durch dieses Vorgehen konnte die Inzidenz der CMV-IP im eigenen Patientengut drastisch gesenkt werden (Tab. 1).

Tabelle 1: Einfluß der prä-emptiven Therapie mit Ganciclovir (2x 5mg/kg.d GCV für 14 Tage) auf die Inzidenz der CMV-Pneumonie (CMV-IP) und CMV-Gastroenteritis (GE) bei allogen knochenmarktransplantierten Patienten mit 2 von 3 Risikofaktoren [Klinikum Großhadern, 1987 bis 1996]

Zeitraum	Strategie	Zahl transplant. Pat.	CMV-IP/GE
1987 – 1992	GCV zur Therapie der IP	169	10 (6%)/6 (3,5%)
1993 – 1996	GCV prä-emptiv bei 2 von 3 Risikofaktoren	149	3 (2%)/2 (1,5%)

Nachteil der prä-emptiven Therapie mit Ganciclovir, aber zum Teil auch anderer antiviraler Strategien sind die nicht unerheblichen Nebenwirkungen. Dazu zählen vor allem die Entwicklung einer Neutropenie, die Notwendigkeit der intravenösen und damit meist teilstationären Gabe, die Gefahr der Entwicklung resistenter CMV-Stämme vor allem bei wiederholter Applikation sowie die erhöhte Inzidenz später CMV-Infektionen nach dem Tag 100 nach Transplantation. Zur prä-emptiven Therapie werden verschiedene Behandlungsregime untersucht: Die Gabe von Foscarnet als erste prä-emptive Therapie hat ein anderes Nebenwirkungsspektrum (Einschränkung der Nierenfunktion als Hauptnebenwirkung) und erwies sich in kleinen Pilotstudien als gleichwertig [9]. Allerdings müssen hier die Ergebnisse einer großen EBMT-Studie abgewartet werden, die Ganciclovir und Foscarnet in der prä-emptiven Therapie verglich und vor kurzem abgeschlossen wurde. Für die primäre Behandlung mit oralem Ganciclovir liegen bisher keine Studien vor.

Richtungsweisend für die Zukunft sind sicher die Befunde, daß die Rekonstitution spezifischer T-Zell-Antworten gegen CMV ein entscheidender prognostischer Indikator für die Entwicklung einer CMV-Erkrankung ist [11]. Die effiziente Ergänzung einer virostatischen Therapie durch adaptiven Transfer CMV-spezifischer T-Zell-Klone des Spenders wurde bereits von einigen Arbeitsgruppen belegt [13] – ein Hinweis darauf, daß die Verbesserung der immunologischen Rekonstitution ein ebenso wichtiges Ziel wie die Optimierung der antiviralen Strategien ist. Dies gilt insbesondere für die Fremdspender- und HLA-differente Transplantation.

Therapie von CMV-Erkrankungen

Während CMV-Hepatitis und -Gastroenteritis durch eine spezifische antivirale Therapie mit Ganciclovir oder Foscarnet in der Regel beherrschbar sind, ist die Behandlung der CMV-IP nach wie vor problematisch: Ganz entscheidend für den Therapieerfolg ist die Einleitung der Behandlung vor Eintritt einer respiratorischen Insuffizienz: Bei Frühtherapie läßt sich die CMV-IP durch eine Kombination von Ganciclovir und Hyperimmunglobulin bei mehr als 50% der Patienten in den Griff bekommen [4, 8]; nach

Tabelle 2: Therapie der CMV-IP – Bedeutung der respiratorischen Insuffizienz und Therapie [Klinikum Großhadern, 1985 bis 1996]: Ig = polyvalente oder Hyperimmunglobuline, GCV = Ganciclovir

Behandlung	**n**	**30 Tage Überleben**	**Langzeit-überleben**
Beatmung/Ig	2	0	0
Beatmung/GCV + Ig	10	4	0
Keine Beatmung, GCV + Ig	3	3	2

Eintritt der Beatmungspflichtigkeit dagegen ist selbst unter spezifischer Therapie mit Ganciclovir und Hyperimmunglobulin die Prognose in den meisten Fällen infaust (Tab. 2).

Auch der Einsatz von Foscarnet konnte diese Ergebnisse bisher nicht verbessern. Unklar ist derzeit, welchen Anteil an diesem Verlauf immunpathologische Prozesse im Sinne einer wechselseitigen Triggerung von Virusinfektion und GvHD haben und ob in der Zukunft additive Therapiekonzepte wie z.B. der Einsatz von Zytokinantagonisten die Prognose verbessern können.

Unter den neueren CMV-spezifischen Virostatika scheint Cidofovir aufgrund seiner hohen antiviralen Potenz und der Möglichkeit einer Intervalltherapie bei rezidivierten CMV-Infektionen und -Erkrankungen von besonderem Interesse. Andererseits ist wegen der Nephrotoxizität eine nachteilige Interaktion mit weiteren nephrotoxischen Medikamenten, insbesondere Ciclosporin zu befürchten. Wir konnten bisher bei drei knochenmarktransplantierten Patienten unter Ciclosporin-Therapie, bei denen es trotz Ganciclovir und Foscarnet jeweils zu einem Wiederauftreten der Virämie (n=2) oder Symptomen einer CMV-Gastroenteritis (n=1) gekommen war, den Effekt und die Nebenwirkungen einer Cidofovir-Therapie (5mg/kg 1x/Woche unter Gabe von Probenecid und Hydratation für

14 Tage, dann zwei Erhaltungsgaben im Abstand von je 14 Tagen) beurteilen. Bei allen drei Patienten kam es zu einer Reduktion der CMV-Virämie unter Cidofovir-Gabe. Bei zwei Patienten stieg allerdings innerhalb von zwei Wochen nach Therapieende bzw. bereits unter Erhaltungstherapie die Zahl der pp65-positiven Zellen ohne klinische Zeichen der CMV-Erkrankung wieder an. Ebenfalls bei zwei der drei Fälle traten innerhalb von vier Wochen verzögert eine Leukopenie (Leukozytenabfall von Normalwerten auf 1.7 bzw. 2.2 G/l) und eine Thrombopenie (Abfall von 43 T/l bzw. 96 T/l auf 12 T/l bzw. 15 T/l) auf. Die Blutwerte erholten sich nach Therapieende ohne Intervention. Bei zwei Patienten kam es zusätzlich zu einem reversiblen Anstieg der Kreatininwerte, davon einmal über 2mg/dl. Diese Erfahrungen geben einen ersten Hinweis auf die Wirksamkeit des neuen Virostatikums bei Transplantationspatienten, unterstreichen aber die Notwendigkeit einer engmaschigen Überwachung und prospektiven Untersuchung dieses neuen Therapieprinzips.

Ausblick

Die Erkenntnisse zur Prophylaxe und Therapie der CMV-Infektion nach allogener Stammzelltransplantation können als zukunftsweisend für den Umgang auch mit anderen Virusinfektionen nach allogener Stammzelltransplantation angesehen werden. Die Einführung der Frühdiagnostik und prä-emptiven Therapie hat zu einer signifikanten Reduktion früher schwerer Pneumonien und damit auch der frühen transplantationsassoziierten Mortalität geführt; sie hat aber auch neue Probleme wie späte CMV-Infektionen oder Virusresistenz deutlich gemacht. Es bleibt zu hoffen, daß die Kombination aus antiviraler und zellulärer Therapie die Ergebnisse in der Zukunft weiter verbessern wird.

Literatur

[1] Bowden, RA, Sayers, M, Flournoy, N et al.: Cytomegalovirus immune globuline and seronegative blood products to prevent primary cytomegalovirus infection after marrow transplantation. N. Engl. J. Med. 314 (1986) 1006-10

[2] Einsele, H, Ehninger, G, Hebart, H et al.: Polymerase chain reaction monitoring reduces the incidence of cytomegalovirus disease and the duration and side effects of antiviral therapy after bone marrow transplantation. Blood 86 (1995) 2815-20

[3] Einsele, H, Steidle, H, Vallbracht, A et al.: Early occurrence of human cytomegalovirus infection after bone marrow transplantation as detected by polymerase chain reaction technique. Blood 77 (1991) 1104-10

[4] Enright, H, Haake, R, Weisdorf, D et al.: Cytomegalovirus pneumonia after bone marrow transplantation. Risk factors and response to therapy. Transplantation 55 (1993) 1339-46

[5] Goodrich, JM, Boeckh, M, Bowden, R: Strategies for the Prevention of CMV Disease After Marrow Transplantation. Clin. Infect. Diseases 19 (1994) 287-98

[6] Goodrich, JM, Mori, M, Gleaves, CA et al.: Early treatment with ganciclovir to prevent cytomegalovirus disease after allogeneic marrow transplantation. N. Engl. J. Med. 325 (1991) 1601-7

[7] Hebart, H, Kanz, L, Jahn, G, Einsele, H: Management of Cytomegalovirus Infection after Solid-Organ or Stem Cell Transplantation. Drugs 55 (1998) 59-72

[8] Ljungman, P, Engelhard, D, Link, H et al.: Treatment of interstitial pneumonitis due to cytomegalovirus with ganciclovir and intravenous immunoglobulin: Experience of the EBMT. Clin. Infect. Diseases 14 (1992) 831-35

[9] Moretti, S, Zikos, P, Van Lint, T et al.: Foscarnet vs Ganciclovir for CMV antigenemia after allogeneic hemopoietic stem cell transplantation: a randomised study. Bone Marrow Transplantation 22 (1998) 175-80

[10] Prentice, HG, Gluckman, E, Powles, R et al.: Impact of long term acyclovir on cytomegalovirus infection and survival after allogeneic bone marrow transplantation. European acyclovir for CMV prophylaxis study group. Lancet 343 (1994) 749-53

[11] Reusser, P, Riddell, SR, Meyers, JD, Greenberg, PD: Cytotoxic T lymphocyte response to cytomegalovirus following human bone marrow transplantation. Patterns of recovery and correlation with cytomegalovirus infection and disease. Blood 78 (1991) 1373-80

[12] Schmidt, GM, Horac, DA, Niland, JC et al.: A randomized controlled trial of prophylactic ganciclovir for cytomegalovirus pulmonary infection in recipients of allogeneic bone marrow transplants. N. Engl. J. Med. 324 (1991) 1005-11

[13] Walter, EA, Greenberg, PD, Gilbert, MJ et al.: Reconstitution of cellular immunity against cytomegalovirus in recipients of allogeneic bone marrow by adoptive transfer of T-cell clones from the donor. N. Engl. J. Med. 333 (1995) 1038-44

Therapie und Prophylaxe der HIV-assoziierten CMV-Erkrankung

ALBRECHT STOEHR

Ohne Therapie führt die häufigste Manifestation der HIV-assoziierten CMV-Erkrankung, die CMV-Retinitis, zur Erblindung. Dementsprechend wurde schon früh nach einer antiviralen Therapie gesucht. 1984 wurden die ersten Patienten mit Ganciclovir behandelt.

In der Therapie der CMV-Retinitis gibt es zwei therapeutische Wege: den systemischen und den lokalen Ansatz. Der systemische Ansatz ist Gegenstand dieses Kapitels. In Deutschland sind zwei Substanzen zur Therapie der CMV-Erkrankung zugelassen: Ganciclovir unter dem Handelsnamen Cymeven® und Cymeven oral® sowie Foscarnet unter dem Handelsnamen Foscavir®. In den USA ist im März 1996 Cidofovir unter dem Handelsnamen Vistide zugelassen worden. Alle drei Substanzen sind Nukleosidanaloga. Sie hemmen die virale DNA-Polymerase und führen zum DNA-Kettenabbruch. Ganciclovir wird intrazellulär durch eine virale Kinase zu Ganciclovir-Monophosphat phosphoryliert und anschließend durch zelluläre Kinasen zum Di- und Triphosphat. Letzteres hemmt die virale Polymerase. Foscarnet inhibiert die Polymerase direkt. Cidofovir muß nicht durch virale Kinasen phosphoryliert werden, sondern wird intrazellulär durch zelluläre Kinasen zu einem Diphosphat phosphoryliert, das die virale Polymerase hemmt.

Alle drei Substanzen verfügen über eine Ansprechrate von über 80% und weisen ein erhebliches Nebenwirkungspotential auf. Bei Ganciclovir tritt bei bis zu 24% der Patienten eine Knochenmarksdepression auf, andere Nebenwirkungen wie Hypertonus und Fieber sind dagegen selten [3]. Bei Foscarnet steht die Nephrotoxizität, deren Risiko durch eine ausreichende Hydrierung vermindert werden kann, mit rund 25% an erster Stelle [5]. Weitere Nebenwirkungen sind Parästhesien, Elektrolytverschiebungen (K, Ca), Übelkeit und Erbrechen sowie genitale Ulzerationen, die wahrscheinlich durch einen direkt toxischen Effekt von nicht-metabolisiertem Foscarnet hervorgerufen werden. Auch diese Nebenwirkungen lassen sich durch eine langsame Infusionsgeschwindigkeit und eine ausreichende Hydrierung reduzieren. Patienten, die Foscarnet erhalten, müssen mit einem zentralen Venenkatheter versorgt werden, da die Substanz venentoxisch ist. Die häufigste Nebenwirkung von Cidofovir ist die Nephrotoxizität. Die Gabe von Probenecid, das die renale tubuläre Sekretion von Cidofovir hemmt, und Kochsalzinfusionen sind obligat, um diese Nebenwirkung zu reduzieren. Trotz dieser Maßnahmen mußten in den Studien 106 und 107 18% bzw. 24% der Patienten die Therapie wegen renaler Probleme abbrechen. Auch Probenecid hat ein eigenes Nebenwirkungsprofil, das aus Übelkeit, Erbrechen, Kopfschmerzen, Fieber sowie Ausschlag besteht und bei bis zu 47% der Patienten auftritt [10].

Die Therapie wird unterteilt in eine zwei- bis dreiwöchige Induktionstherapie, gefolgt von einer lebenslangen Erhaltungstherapie. Die ist notwendig, da alle drei Substanzen nur virustatisch wirken, und es ohne Erhaltungstherapie nach 20 bis 30 Tagen zum Rezidiv kommt. Die Wirksamkeit aller drei Substanzen wurde in verschiedenen Studien nachgewiesen. Trotz Erhaltungstherapie erleiden fast alle Patienten nach 86 bis 109 Tagen ein Rezidiv ihrer Erkrankung [21]. Dieses hängt meistens nicht mit einer Resistenzentwicklung zusammen, sondern damit, daß die intravitreale Konzentration, die entscheidend für den Therapieerfolg ist, deutlich unter der Plasmakonzentration liegt. Der in Studien ermittelte Zeitpunkt der Reaktivierung ist nicht identisch mit dem Zeitpunkt der Reinduktion im klinischen Alltag. Bei nur diskreten Aktivierungszeichen an der Retina kann hier häufig noch länger mit der erneuten Induktionstherapie gewartet werden.

Die Erhaltungstherapie, auch in ihrer oralen Form, greift erheblich in das Leben des betroffenen Patienten ein. Nach Diagnose der CMV-Erkrankung ist die Lebenserwartung deutlich beschränkt, im Mittel auf neun bis zwölf Monate [20]. Die Lebensqualität wird erheblich beeinträchtigt. Dementsprechend war es das Ziel klinischer Studien der letzten Jahre, die Erhaltungstherapie zu vereinfachen, eine Primärprophylaxe zu entwickeln und eine wirksamere Therapie bezüglich des Versagens in der Induktions- und Erhaltungstherapie zu finden.

Therapie der CMV-Retinitis

Da die CMV-Retinitis die häufigste CMV-Erkrankung des HIV-positiven Patienten ist, gibt es über ihre Therapie die meisten Studien.

Nach Diagnose der CMV-Retinitis wird die zwei- bis dreiwöchige Induktionstherapie eingeleitet. Ganciclovir wird in einer Dosis von zweimal 5 mg/kg KG/d infundiert, Foscarnet mit zweimal 90 mg/kg KG/d plus zweimal 500 ml 0,9%ige NaCl und Cidofovir einmal wöchentlich mit 5 mg/kg KG plus 1000 ml 0,9%ige NaCl plus 4 g Probenecid. Unter diesen Therapieregimen liegt die Ansprechrate bei deutlich über 80%. Die zweimal tägliche Ganciclovir-Applikation wird von der Plasmahalbwertszeit mit 2,9

Stunden abgeleitet, läßt aber die sehr viel längere intrazelluläre Halbwertszeit von phosporyliertem Ganciclovir-Triphosphat in der infizierten Zelle mit 16,5 Stunden außer acht, die auch eine einmal tägliche – ambulante – Gabe zuließe. Die Infusionsdauer von Foscarnet sollte zwei Stunden nicht unterschreiten. Der größte Vorteil von Cidofovir liegt in der langen intrazellulären Halbwertszeit von bis zu 87 Stunden, die eine nur einmal wöchentliche Infusion in der Induktionsphase erfordert. Welche systemische oder auch lokale Therapie gewählt wird, muß mit dem Patienten intensiv diskutiert werden und hängt auch von möglichen Vorerkrankungen des Patienten ab.

Derzeit wird die Induktionstherapie am häufigsten mit Ganciclovir durchgeführt, weil die Applikation am einfachsten ist und die Nebenwirkungen am leichtesten zu steuern sind.

Ein kleiner Teil der Patienten spricht auf die Induktionstherapie nicht an und zeigt eine Persistenz oder auch eine Progredienz der Retinitis. Eine Möglichkeit in dieser Situation ist die Umstellung der Therapie auf eine der beiden anderen Substanzen, wie von verschiedenen Autoren beschrieben [8].

In der 1995 von Lalelzari auf dem ICAAC in San Francisco vorgestellten Studie 107 konnte die hervorragende Wirksamkeit von Cidofovir bei der rezidivierenden CMV-Retinitis belegt werden [10]. Bei 29 Patienten betrug nach üblicher Induktion mit 5 mg/kg KG/Woche über zwei Wochen und anschließender Erhaltungstherapie mit 5 mg/kg KG alle zwei Wochen die mediane Zeit bis zur Progression der Retinitis 115 Tage. Trotz geringer Patientenzahl behält das Ergebnis dieser Studie seine Bedeutung, da die rezidivfreie Zeit bei einer Patientenpopulation, die im Median vier Behandlungszyklen mit Ganciclovir oder Foscarnet erhalten hatte, sehr lang ist [10].

Eine andere Möglichkeit der Therapieeskalation, auch bei initial visusbedrohenden CMV-Retinitiden, ist die Kombinationstherapie aus Ganciclovir und Foscarnet. Durch in-vitro-Untersuchungen konnte ein Synergismus beider Substanzen bei der murinen CMV-Infektion belegt werden, der bei der humanen CMV-Infektion in geringerer Ausprägung ebenfalls nachweisbar ist [7, 11]. Verschiedene Autoren haben nach Versagen der Monotherapie die überlegene Wirksamkeit der Kombination der vollen Induktionsdosis von Ganciclovir und Foscarnet nachweisen können [6].

Ein anderes Problem besteht bei Patienten, die auf Grund von Vorerkrankungen eine volle Induktionstherapie mit den jeweiligen Substanzen nicht tolerieren. Hier bietet sich die Halbdosis-Kombinationstherapie an, deren Wirksamkeit die Projektgruppe CMV der KAAD in einer kontrollierten Studie nachwies [19]. Dieses Therapiekonzept stellte eine therapeutische Alternative und einen Fortschritt für den multimorbiden Patienten besonders mit mehrfachen Rezidiven der Retinitis dar. In allen diesen Situation ist immer auch die Lokaltherapie zu diskutieren.

Nach erfolgreicher Induktionstherapie erfolgt der Übergang auf die Erhaltungstherapie. Diese besteht aus der parenteralen Gabe von Ganciclovir (5 bis 6 mg/kg KG fünf- bis siebenmal pro Woche) oder Foscarnet (90 mg/kg KG/d). Ende 1996 erfolgte in Deutschland die Zulassung von oralem Ganciclovir für die Erhaltungstherapie (dreimal 1000 mg/d) [21]. Eine in Europa noch nicht zugelassene Alternative ist die vierzehntägige parenterale Gabe von Cidofovir (5 mg/kg KG).

Die vorher beschriebenen Nebenwirkungen der Substanzen werden häufig erst bei der langfristigen Erhaltungstherapie klinisch relevant.

Insgesamt gesehen ist die parenterale Erhaltungstherapie mit Ganciclovir und Foscarnet bei Menschen, die nur noch kurz zu leben haben, schwer mit der Lebensqualität in Einklang zu bringen. Die Erhaltungstherapie mit Foscarnet erfordert immer einen zentralvenösen Zugang, in der Regel ein Port-a- cath®-System, das zwar für den Patienten eine wesentliche Erleichterung darstellt, aber auch sein eigenes Komplikationsmuster aufweist [18]. Die Problematik der häufigen Infusionen besteht bei Cidofovir nicht, da es in der Erhaltungsphase nur alle zwei Wochen infundiert werden muß. Ein echter Fortschritt unter dem Gesichtspunkt der Lebensqualität ist das Ganciclovir-haltige Ocular-Implant (Vitrasert®). Falls diese Option nicht besteht, muß man versuchen, die parenterale Therapie zu optimieren. Die Optimierung muß in zwei Richtungen zielen, erstens auf eine längere rezidivfreie Zeit, zweitens auf eine bessere Lebensqualität.

1992 konnte die SOCA-Gruppe die Äquipotenz von Ganciclovir und Foscarnet in der Erhaltungstherapie der CMV-Retinitis bezüglich der rezidivfreien Zeit nachweisen [20]. Es fand sich allerdings eine signifikant längere Überlebenszeit in der Foscarnet-Gruppe (Median: 12,6 versus 8,5 Monate), die auf die antiretrovirale Wirkung von Foscarnet zurückgeführt wurde. Eine andere Erklärungsmöglichkeit ist die durch Ganciclovir ausgelöste Neutropenie als Risikofaktor für vermehrte Infekte und eine erhöhte Mortalität. Nur 10% der Patienten erhielten in dieser Studie Wachstumsfaktoren. In einer späteren Studie der gleichen Arbeitsgruppe ließ sich ein Unterschied in der Mortalität bei einem Einsatz von Wachstumsfaktoren bei 70% der Patienten nicht nachweisen.

In diese spätere Studie wurden Patienten eingeschlossen, die entweder ein Rezidiv unter Erhaltungstherapie oder aber eine noch aktive Retinitis trotz Induktionstherapie hatten [22]. Die eingeschlossenen Patienten erhielten nach Stabilisierung der Retinitis entweder täglich 120 mg/kg KG Foscarnet, 10 mg/kg KG Ganciclovir oder die Kombination aus 90 mg/kg KG Foscarnet plus 5 mg/kg KG Ganciclovir. In dieser Studie konnten die in vitro erhobenen Daten bezüglich des Synergismus beider Substanzen nochmals klinisch bestätigt werden: In der Kombinationsgruppe wurde eine signifikant längere rezidivfreie Zeit (Median: 1,3 versus 2,0 versus 4,3 Monate) verzeichnet. In der begleitenden Analyse der Lebensqualität schnitt allerdings die Kombinationstherapie am schlechtesten ab.

Diese beiden hervorragend durchgeführten Studien haben weder dazu geführt, daß 1992 alle Patienten auf Foscarnet umgestellt wurden noch 1996 auf die Kombinations-Erhaltungstherapie. Den meisten Patienten und Ärzten ist bei der geringen Lebenserwartung der CMV-Patienten der Faktor aktuelle Lebensqualität wichtiger als eine mögliche Lebenszeitverlängerung. Unter diesem Gesichtspunkt stellt die Erhaltungstherapie mit einer Cidofovir-Infusion (5 mg/kg KG) plus NaCl und Probenecid alle zwei Wochen einen deutlichen Fortschritt dar. Bislang gibt es mit diesem Therapeutikum in Europa noch keine publizierten Erfahrungen. Auch von Ganciclovir ist bekannt, daß die intrazelluläre Halbwertszeit deutlich länger ist als die plasmatische [15]. In einer Pilotstudie haben wir deshalb in der Erhaltungstherapie eine dreimal wöchentliche Ganciclovir-Gabe (10 mg/kg KG) mit der Standardtherapie aus fünfmal wöchentlich 6 mg/kg KG verglichen. In der Auswertung konnte kein Unterschied zwischen beiden Therapieregimen bezüglich der Länge des rezidivfreien Intervalls sowie der Nebenwirkungen festgestellt werden [17]. Auch andere Gruppen empfehlen die dreimal wöchentliche Gabe, eine prospektive kontrollierte Studie ist hierzu aber bislang nicht durchgeführt worden [4, 12]. Dreimal wöchentliche Infusionen mit einer „Butterfly-Nadel“ werden von den Patienten gut toleriert, eine Port-Implantation ist meist entbehrlich.

Ende 1996 wurde das orale Ganciclovir zur Sekundärprophylaxe der CMV-Retinitis zugelassen. In den vorhergehenden Jahren war in verschiedenen Studien die Wirksamkeit von dreimal 1000 mg oralem Ganciclovir im Vergleich zur täglichen Gabe von 5 mg/kg KG Ganciclovir parenteral nachgewiesen worden [21]. Es fand sich eine nicht signifikant kürzere rezidivfreie Zeit in der oralen Ganciclovir-Gruppe als Folge der geringeren Bioverfügbarkeit, die bei 6 bis 9% liegt. Deshalb sollte orales Ganciclovir nicht Patienten mit gastrointestinalen Problemen oder fehlender Compliance verordnet werden. Diese erstmals mögliche enterale Erhaltungstherapie stellt eine weitere Alternative unter dem Gesichtspunkt Lebensqualität dar. Allerdings muß der Patient täglich zwölf Kapseln einnehmen, eventuell zusätzlich zu einer intensiven antiretroviralen Therapie. Ein Fortschritt in der enteralen Therapie deutet sich mit dem Ganciclovir-Prodrug an, das in der Darmmukosa zu Ganciclovir umgewandelt wird und eine signifikant höhere Bioverfügbarkeit hat. Diese Substanz wird derzeit in Studien geprüft. Eine weitere oral verfügbare Substanz ist Lobucavir, das sich ebenfalls in der Prüfung befindet. Die zur Zeit wahrscheinlich potenteste Therapie unter den Gesichtspunkten Wirksamkeit, Sicherheit und Lebensqualität ist die Kombination des Ocular-Implants mit oralem Ganciclovir, das das gesunde Auge und den Gesamtkörper vor einer disseminierten Erkrankung schützen soll. Auch zu diesem Therapieprinzip werden derzeit Studien durchgeführt.

Therapie der gastrointestinalen Manifestation

Entsprechend der geringeren Inzidenz gibt es erheblich weniger Studien zur Therapie der gastrointestinalen Manifestationen. Diese Studien sind relativ klein und zum Teil unkontrolliert. Die Erfassung der Diagnose und des Therapieerfolges ist schwieriger objektivierbar und komplexer als bei der Retinitis, sie umfaßt einen Symptom-, Endoskopie-, und Histologie-Score. Insgesamt wird von der Übertragbarkeit der Retinitisstudien auf den Gastrointestinaltrakt ausgegangen, zumindest was die Induktionstherapie angeht. In einer kontrollierten randomisierten Studie konnten wir die vergleichbare Wirksamkeit von zweimal 90 mg/kg KG Foscarnet an fünf Tagen der Woche gegenüber der täglichen Gabe in der Induktionstherapie nachweisen [14]. Einige erfahrene Therapeuten lehnen die Erhaltungtherapie bei diesen Manifestationen mit dem Argument ab, daß eine gastrointestinale Manifestation im Gegensatz zur Retinitis keinen irreversiblen Schaden darstellt und die Rezidivneigung im Gastrointestinaltrakt nicht so hoch sei. Blanshard et al. fanden 1995 bei einer relativ kleinen Patientengruppe keinen signifikanten Unterschied in Bezug auf die Zeit bis zur Progression bei Patienten ohne (13 Wochen) oder mit Erhaltungstherapie (16 Wochen) [1]. Unsere Entscheidung für oder gegen eine Erhaltungstherapie hängt ab von der Ausprägung des gastrointestinalen Befalls und dem therapeutischen Ansprechen. Falls man sich gegen eine Erhaltungstherapie entscheidet, sind regelmäßige Kontrollen insbesondere des Augenhintergrundes notwendig.

Therapie der ZNS- Manifestationen

Bis vor kurzem war die CMV-Erkrankung des ZNS schwer zu diagnostizieren und zu behandeln. Die Einführung der Liquor-CMV-PCR hat die diagnostische Sicherheit deutlich erhöht [13]. Die konventionelle Monotherapie hat häufig nicht zum Therapieerfolg geführt, über die Wirksamkeit einer Hochdosis-Kombinationstherapie wurde anekdotisch berichtet. In einer bislang nicht abgeschlossenen unkontrollierten Studie fanden C. Katlama et al. ein Ansprechen der CMV-Enzephalitis und Myelitis auf eine Hochdosis-Kombinationstherapie bei 17 von 25 Patienten [9]. Sieben Patienten verstarben. Die Induktionstherapie dauerte im Mittel 35 Tage. Auch diese vorläufigen Daten unterstreichen den Stellenwert der Hochdosis-Kombinationstherapie bei der komplizierten CMV-Erkrankung.

Primärprophylaxe

Die relativ hohe Inzidenz, die Morbidität und Mortalität sowie die komplizierte Therapie begründen die Indikation einer Primärprophylaxe der CMV-Erkrankung. Bisher gibt es in Europa keine zugelassene Primärprophylaxe. Die Anforderungen, die an eine Primärprophylaxe zu stellen sind, bestehen aus einer guten Wirksamkeit, Nebenwirkungsarmut, subjektiver Verträglichkeit und Akzeptanz sowie Kosteneffektivität.

Einzig das orale Ganciclovir kommt diesen Anforderungen nahe. Studien mit Aciclovir zeigten keine Senkung der CMV-Inzidenz. In der Aids Clinical Trial Group Studie (ACTG) 204 senkte Valaciclovir in einer hohen Dosis zwar die Inzidenz, führte aber zu einer bisher noch nicht ursächlich geklärten erhöhten Mortalität.

Zwei Studien sind durchgeführt worden zur Primärprophylaxe mit oralem Ganciclovir. In der randomisierten doppelblinden noch von Syntex initiierten Studie 1654, die erstmals von S. Spector 1994 auf dem ICAAC vorgestellt wurde [16], erhielten 725 Patienten mit einer CD4-Lymphozyten-Zahl unter 100 entweder täglich 3 g Ganciclovir oral oder aber Placebo. Nach 18 Monaten fand sich in der Kaplan-Meier-Auswertung eine signifikant niedrigere Inzidenz von 20% in der Verum- gegenüber 39% in der Placebogruppe. Es zeigte sich kein statistisch signifikanter Unterschied bezüglich der Mortalität. Diese Studie führte zur Zulassung von oralem Ganciclovir als Primärprophylaktikum in den USA. Auf dem ICAAC 1995 wurde von C. Brosgart eine weitere kontrollierte Studie zur Primärprophylaxe mit oralem Ganciclovir vorgestellt, die von der Community Programs for Clinical Research on AIDS (CPCRA) Group durchgeführt worden war, in der kein Unterschied hinsichtlich der Inzidenz der CMV-Erkrankung festzustellen war [2]. Insgesamt war die Inzidenz der CMV-Erkrankung bei ähnlicher Patientenselektion wie in der 1654-Studie deutlich geringer. Wesentlicher Kritikpunkt an dieser Studie ist die fehlende regelmäßige obligatorische ophthalmologische Untersuchung initial und im Verlauf der Studie. Ein Ophthalmologe wurde nur bei subjektiven Beschwerden aufgesucht, die ja häufig erst spät registriert werden.

Vor Durchführung dieser Studien gab es Bedenken bezüglich einer Resistenzentwicklung des Cytomegalie-Virus auf Ganciclovir. Während der Durchführung der 1654-Studie wurden CMV-Urinkulturen angelegt: In der Verumgruppe fand sich initial bei 42% der Patienten eine positive CMV-Kultur. Nach zweiwöchiger Therapie fiel die Prävalenz auf 12%. In einer Analyse von 30 positiven CMV-Kulturen unter Ganciclovir beobachtete L. Drew nur zwei resistente Virusstämme, hochgerechnet würde dieses eine Inzidenz von circa 1% unter der Primärprophylaxe bedeuten.

Insgesamt ist die Tendenz, die empfohlene Primärprophylaxe wahrzunehmen, eher zurückhaltend. Dieses hängt einerseits mit der großen Tablettenzahl zusammen, andererseits bot die Primärprophylaxe in der 1654-Studie nur der Hälfte der Patienten, die sie eingenommen hatten, Schutz vor der CMV-Erkrankung (Reduktion von 39 auf 20%). Zudem waren in der Placebogruppe 61% der Patienten auch ohne Primärprophylaxe ohne CMV-Erkrankung geblieben. Es werden also durch diese Primärprophylaxe viele Patienten „umsonst“ behandelt.

Ziel muß es sein, die Patienten zu identifizieren, die ein hohes Risiko für eine CMV-Erkrankung haben, und die Prophylaxe auf diese zu fokussieren. Dieses Risiko ist nicht ausreichend durch die CD4-Lymphozyten-Zahl charakterisiert, es muß zusätzlich ein anderer virologischer Marker herangezogen werden, z.B. die positive qualitative und quantitative CMV-PCR oder das CMV-pp65-Antigen. Wahrscheinlich reicht bei dieser Hoch-Risikogruppe die Plasmakonzentration und damit die Wirksamkeit von oralem Ganciclovir initial nicht aus, und es wird eine „preemptive therapy" notwendig. Diese könnte möglich sein mit dem Ganciclovir-Prodrug mit seiner wesentlich besseren Bioverfügbarkeit.

Resümee

Bei der CMV-Erkrankung des AIDS-Patienten haben neue Entwicklungen in der systemischen und lokalen Therapie eine Individualisierung der Therapie ermöglicht. Dadurch konnte die Akzeptanz der Erhaltungstherapie verbessert werden. Ein weiteres Ziel ist es, die Erkrankungshäufigkeit durch die Einführung einer gut verträglichen oralen Primärprophylaxe zu senken. Auch hier hat es Fortschritte gegeben. Neue oder veränderte Substanzen dürften hier einen Durchbruch bringen. Es ist unwahrscheinlich, daß durch weitere Therapiemodifikationen der derzeitig verfügbaren Substanzen eine signifikante Verlängerung in der Überlebenszeit erreicht wird, wenn es nicht gelingt, durch eine effektive antiretrovirale Therapie den Verfall des Immunsystems aufzuhalten.

Literatur

[1] Blanshard C, Benhamou Y, Dohin E et al.: Treatment of AIDS-associated Cytomegalovirus infection with Foscarnet and Ganciclovir: a randomized comparison. J. Infect. Dis. 172 (1995) 622-628

[2] Brosgart CL, Craig C, Hillman D et al.: A randomized placebo controlled trial of the safety and efficacy of oral Ganciclovir for prophylaxis of CMV retinal and gastrointestinal mucosal disease in HIV-infected individuals with severe immunosuppression. 35th Interscience

Conference on Antimicobial Agents and Chemotherapy. San Francisco, 17. bis 20. September 1995, LB-10

[3] Buhles WC: Clinical safety of intravenous Ganciclovir. In: Spector SA (ed.). Ganciclovir therapy for cytomegalovirus infection, pp31-69. Marcel Dekker (1991)

[4] Coen M, Vivirito MC, Argenteri B et al.: CMV chorioretinitis maintenance therapy in AIDS: Experiences with two different regimens. 4th European conference on clinical aspects and treatment of HIV infection. Milan 16. bis 18. März 1994

[5] Deray G, Martinez F, Katlama C et al.: Foscarnet nephrotoxicity: mechanism, incidence and prevention. Am. J. Nephrol. 9 (1989) 316-321

[6] Dieterich DT, Poles MA, Lew EA et al.: Concurrent use of ganciclovir and foscarnet to treat cytomegalovirus infection in AIDS patients. J. Infect. Dis. 167 (1993) 1184-1188

[7] Freitas VR, Fraser-Smith EB, Matthews TR: Increased efficacy of ganciclovir in combination with foscarnet against cytomegalovirus and herpes simplex virus type 2 in vitro and in vivo. Antiviral Research 12 (1989) 205-212

[8] Jacobson MA, Wulfsohn M, Feinberg JE et al.: Phase II dose-ranging trial of foscarnet salvage therapy for cytomegalovirus retinitis in AIDS patients intolerant of or resistant to ganciclovir (ACTG protocoll 093). AIDS 8 (1994) 451-459

[9] Katlama C: Treatment of non retinal CMV disease in AIDS patients: Central nervous system. International Consensus symposium on advances in the diagnosis, treatment and prophylaxis of CMV infection. Fort Myers 21. bis 23. April 1996

[10] Lalezari J, Holland G, Stagg R et al.: Randomized, controlled Study of Cidofovir for relapsing CytomegalovirusRetinitis in Patients with AIDS. 35th Interscience Conference on Antimicrobial Agents and Chemotherapy. San Francisco, 17. bis 20. September 1995

[11] Manischewitz JF, Quinnan GV, Clifford Lane H, Witteck AE: Synergistic effect of ganciclovir and foscarnet on cytomegalovirus replication in vitro. Antimicrob. Agents Chemother. 34 (1990) 373-375

[12] Pinching AJ: Cytomegalovirus infection in the acquired immune deficiency syndrome.Journal of Antimicrobial Chemotherapy 23 (Suppl. E) (1989) 31-36

[13] Revello MG, Percivalle E, Sarasini A et al.: Diagnosis of human Cytomegalovirus infection of the nervous system by pp65 detection in polymorphnuclear leukocytes of cerebrospinal fluid from AIDS patients. J. Infect. Dis. 170 (1994)1275-1279

[14] Salzberger B, Stoehr A, Heise W et al.: Foscarnet 5 vs. 7 days a week treatment for severe gastrointestinal CMV-disease in HIV-infected patients. Infection 24 (1996) 121-124

[15] Smee DF, Boehme R, Chernow M et al.: Intracellular metabolism and enzymatic phosphorylation of 9-(1,3-dihydroxy-2-propoxymethyl) guanine and acyclovir in herpes simplex virus-infected and uninfected cells. Biochem. Pharmcol 34 (1984) 1049-1056

[16] Spector SA, McKinley GF, Lalezari JP et al.: Oral Ganciclovir for the prevention of of cytomegalovirus disease in persons with AIDS. N. Engl. J. Med. 334 (1996) 1491-1497

[17] Stoehr A, Garweg J, Plettenberg A et al.: Ganciclovir maintenance therapy in CMV-retinitis, comparison of 10 mg/kg 3 x weekly versus 6 mg/kg 5 x weekly. European conference on AIDS. Paris 11. bis 14. März 1992

[18] Stoehr A, Harloff K, Waßmuth R et al.: Experience with an implantable venous port system in AIDS-patients. Second international congress on drug therapy in HIV infection. Glasgow 18. bis 22. November 1994

[19] Stoehr A, Salzberger B, Knospe V et al.: Halbdosis-Kombinationstherapie der CMV-Retinitis mit Ganciclovir und Foscarnet versus Monotherapie mit Ganciclovir - eine kontrollierte randomisierte Studie. 6. Deutscher AIDS-Kongreß. München 24. bis 26. Oktober 1996, V143

[20] Studies of ocular complications of AIDS research group, AIDS clinical trials group. Mortality in patients with the acquired immunodeficiency syndrome treated with either foscarnet or ganciclovir for cytomegalovirus retinitis. N. Engl. J. Med. 326 (1992) 264-266

[21] The Oral Ganciclovir European and Australian Cooperative Study Group. Intravenous versus oral ganciclovir: European/Australian comparative study of efficacy and safety in the prevention of cytomegalovirus retinitis recurrence in patients with AIDS. AIDS 9 (1995) 471-477

[22] The studies of ocular complications of AIDS research group in collaboration with the AIDS clincal trial group. Combination Foscarnet and Ganciclovir therapy vs monotherapy for the treatment of relapsed Cytomegalovirus retinitis in patients with AIDS. Arch. Ophthalmol. 114 (1996) 23-33

Prophylaxe und „Pre-emptive therapy“ der Cytomegalievirus-Infektion

Walter Heise

Die Cytomegalievirus (CMV)-Infektion hat bei HIV-Patienten über viele Jahre das Krankheitsbild wesentlich mitbestimmt. Durch die klinischen Manifestationen vor allem der Retinitis, der gastrointestinalen Komplikationen sowie des pulmonalen und zentralnervösen Befalls führte sie zu erheblicher Morbidität. Vor Einführung der intensivierten antiretroviralen Therapie (HAART) wurden Inzidenzen der CMV-Erkrankung intra vitam von bis zu 30% und – bei hoher Letalität – post mortem von über 50% aller HIV-Patienten berichtet. Diese Befunde waren Grund für eine Diskussion über eine sinnvolle Primärprophylaxe.

Ähnlich den etablierten Konzepten für die Pneumocystis-carinii-Pneumonie oder die cerebrale Toxoplasmose sollte diese bei HIV-Patienten mit reduzierter Immunlage (CD4-Zellen < 200 bzw. 100/µl) durch wirksame Prophylaxeschemata die Inzidenz der jeweiligen opportunistischen Infektion signifikant senken. Von den initial zur Verfügung stehenden Substanzen mit Wirksamkeit gegen CMV bot sich nur Ganciclovir in der oralen Darreichungsform als Prophylaxe an. Gleichzeitig war jede Prophylaxeform an den Kriterien einer hohen Wirksamkeit und Sicherheit bei hoher Akzeptanz und Nebenwirkungsarmut (bzw. möglichst hoher Kosteneffizienz) zu messen. Daher schien es vor allem wichtig zu sein, Patienten mit einem hohen Risiko für eine CMV-Erkrankung für eine Prophylaxe auszuwählen. Die Auswahl orientierte sich anfangs alleine an der CD4-Zellzahl, da bekannt war, daß HIV-Patienten mit <100 bzw. 50 CD4-Zellen/µl ein signifikant erhöhtes Risiko für eine CMV-Manifestation besitzen. Durch die Einführung neuer Marker für die CMV-Erkrankung (qualitative und quantitative CMV-PCR, pp 65-Antigen) konnte der Forderung Genüge getan werden, die Patienten mit dem höchsten Risiko für eine CMV-Erkrankung zu charakterisieren. Gleichzeitig ließ sich damit die Patientengruppe erfassen, die am ehesten von einer Prophylaxe profitieren kann. Daneben konnte durch die intensivierte antiretrovirale Therapie die Häufigkeit der CMV-Erkrankungen auf unter 10% gesenkt werden; die Behandlung mit Ganciclovir ist somit als wirksamste Prophylaxe gegen CMV anzusehen.

Im Gegensatz zur Primärprophylaxe (als Vorsorgekonzept zur Vermeidung einer Infektion für Patienten im Risikobereich) ist 1991 der Begriff der „Pre-emptive therapy" eingeführt worden. Diese Behandlung ist definiert als gezielte Therapie für Risikopatienten, bei denen Hinweise für eine systemische CMV-Infektion, aber keine klinischen Zeichen für eine CMV-Erkrankung bestehen [13]. Derartige Therapiekonzepte wurden für die verschiedenen Patientengruppen mit Organ- oder Knochenmarktransplantationen frühzeitig etabliert [7, 16], zumal als Parameter zur Erkennung einer systemischen CMV-Infektion verschiedene verläßliche Marker zur Verfügung standen [9]. Als Folge dieses Vorgehens hat sich deshalb im Transplantationsbereich ein regelmäßiges Monitoring durchgesetzt; dieses wird mittels PCR und Antigennachweis für CMV durchgeführt, um möglichst früh die Patienten zu erfassen, die von einer Prophylaxe oder „Pre-emptive therapy" profitieren. Im folgenden Beitrag soll dargestellt werden, welchen Stellenwert Prophylaxe bzw. „Pre-emptive therapy" bei der CMV-Infektion HIV-Kranker besitzen.

Methoden zur Diagnose der CMV-Erkrankung bei HIV

Hinsichtlich der Methoden zur Diagnose einer CMV-Infektion bzw. einer CMV-Erkrankung im Rahmen der HIV-Infektion geben SALZBERGER und Mitarbeiter in diesem Buch eine ausführliche Übersicht. Von den zur Verfügung stehenden und in den letzten Jahren etablierten Methoden hat sich der Antigennachweis in Leukozyten (pp65-Antigen) als Methode mit hoher Sensitivität und Spezifität für die Erkennung einer CMV-Erkrankung erwiesen; darüber hinaus eignet sich dieses Verfahren auch zur Identifikation von ZNS-Manifestationen im Liquor [5, 11, 14]. Weitere Untersuchungen haben gezeigt, daß diese Methode auch hohen prädiktiven Wert besitzt. Die daraus gewonnenen Ergebnisse korrelieren mit dem Ausmaß der Virämie sowie den Resultaten aus dem DNA-Nachweis mittels PCR und der Symptomatik; außerdem läßt sich das Verfahren im Verlauf der Erkrankung für das Erkennen eines Rezidivs einsetzen [7].

Der CMV-DNA-Nachweis hat eine ebenso gute und zum Teil höhere Empfindlichkeit bewiesen. Darüber hinaus könnte damit über eine Quantifizierung das Risiko einer CMV-Erkrankung weiter differenziert werden [10, 17]. Vor dem Hintergrund der Risikoeinschätzung, für welche Patienten eine Prophylaxe oder sogar eine „Pre-emptive therapy“ sinnvoll ist, sind die Daten von BOWEN und Mitarbeitern wichtig gewesen [1, 2]. Sie konnten zeigen, daß die CMV-PCR als Parameter für das Risiko einer CMV-Retinitis gilt und als Maß für ein Ansprechen auf eine Ganciclovir-Therapie verwendet werden kann. Weiterhin machten sie deutlich, daß bei Patienten mit hoher CMV-Beladung zum einen die CMV-Erkrankung schneller fortschritt, die Betroffenen zum anderen auch eine kürzere Überlebenszeit aufwiesen. Unter den PCR-positiven Patienten besitzen jene mit hoher CMV-DNA-Beladung ein signifikant höheres Risiko für eine CMV-Erkrankung (Anstieg um 37% je 0,25 $\log_{10}$) [3]. Nach diesen Daten bietet also die qualitative wie quantitative PCR ein wichtiges Instrument, Patienten hinsichtlich ihres Risikos einer CMV-Erkrankung zu differenzieren und diejenigen zu erfassen, die eine Prophylaxe oder sogar eine „Pre-emptive therapy" benötigen bzw. von einem derzeitigen Konzept auch profitieren.

Welche Bedeutung weitere oder für Prophylaxefragen bei HIV noch nicht etablierte Methoden (late antigen, pp67) haben werden, bleibt abzuwarten.

Prophylaxe und „Pre-emptive therapy" bei HIV

Die Etablierung und Validierung von qualitativer und quantitativer PCR für CMV sowie der Antigennachweis haben auch ein Screening bei HIV-Infektionen ermöglicht; damit lassen sich (wie bei Transplantationspatienten) Prophylaxestrategien zur Verhinderung einer CMV-Erkrankung entwickeln. Mit diesen Methoden wurden auch die beiden wichtigsten Studien zur Primärprophylaxe für CMV bei HIV-Patienten durchgeführt [4, 15]. Die Ergebnisse dieser Studien bilden die Grundlage für die Prophylaxe bzw. die „Pre-emptive therapy". In jeweils großen randomisierten Doppelblindstudien wurde die Effektivität oraler Ganciclovir-Gaben bei HIV-Patienten mit CD4-Zellzahlen <100/µl untersucht. Dabei zeigte sich, daß die Inzidenz einer CMV-Erkrankung durch eine orale Ganciclovir-Prophylaxe positiv beeinflußt werden kann. So betrug sie 26% in der Plazebogruppe, dagegen aber nur 14% in der Ganciclovir-Gruppe [15]. Bei einem etwas anderen Studiendesign (u.a. keine regelmäßige augenärztliche Untersuchung vor Einschleusung der Patienten in die Studie) von Brosgart und Mitarbeitern fanden sich keine statistisch signifikanten Unterschiede hinsichtlich der Inzidenz der CMV-Erkrankung in Abhängigkeit der durchgeführten Prophylaxe. Unterschiede bezüglich der Mortalität wurden ebenfalls nicht beschrieben. Werden Patienten bei Beginn der Studie in CMV-PCR-negativ und PCR-positiv unterschieden (also damit auch differenziert, ob mit der Ganciclovir-Gabe bei den PCR-negativen eine echte Prophylaxe oder bei den PCR-positiven eine „Pre-emptive therapy" durchgeführt wird) und gleichzeitig eine Quantifizierung der CMV-PCR durchgeführt, so erkennt man weiterhin, daß nur die Patienten mit niedriger CMV-Beladung von einer Prophylaxe profitieren; für die anderen wäre voraussichtlich eine intensivere Behandlung im Sinne einer „Pre-emptive therapy" sinnvoll.

Zusammenfassung

Eine Prophylaxe oder eine „Pre-emptive therapy" zur Verhinderung einer opportunistischen Infektion bei HIV-Patienten mit erhöhtem CMV-Risiko sollte idealerweise eine orale Darreichungsform haben. Außerdem sind eine hohe Sicherheit und spezifische Aktivität mit möglichst geringen Medikamenteninteraktionen zu fordern. Die Behandlung sollte nicht zur Entstehung von Resistenzen führen und gut verträglich sein [1, 2, 8]. Der Kostenfaktor, der auch bei Prophylaxestrategien im Bereich der HIV-Erkrankung mit Kosten-Nutzen-Analysen bemessen wird, sollte zwar nicht entscheidend für die Durchführung oder Ablehnung einer Behandlung sein; dennoch wird dieser Punkt diskutiert [12]. Die Entscheidung für eine allgemeine CMV-Prophylaxe (die nach derzeitigem Wissensstand alleine für PCR-negative Patienten oder allenfalls solche mit niedrigen CMV-Beladungen sinnvoll wäre) ist bisher nicht getroffen worden. Grund dafür ist einerseits die Medikamentenbelastung mit oralem Ganciclovir (der derzeit einzigen Substanz mit nachgewiesener Wirksamkeit). Andererseits läßt sich die Inzidenz einer CMV-Erkrankung auch durch konsequente antiretrovirale Therapie senken.

Die „Pre-emptive therapy" wird bei Risikopatienten mit CMV-PCR-Nachweis in einzelnen Studien erprobt (persönliche Mitteilung). Inwieweit die für die Akutbehandlung einer CMV-Erkrankung etablierten Medikamente wie Ganciclovir, Foscarnet und Cidofovir eventuell auch für eine „Pre-emptive therapy" in Frage kommen, muß noch untersucht werden. Es bleibt abzuwarten, ob Valganciclovir (Ganciclovir-Prodrug) nicht nur zur Akuttherapie der CMV-Erkrankung, sondern auch als Prophylaxekonzept einzusetzen ist. Möglicherweise bietet sich auch Cidofovir wegen des Patienten-freundlicheren zweiwöchentlichen Applikationsmodus als Alternative für eine „Pre-emptive therapy" an.

Ob eine solche Behandlung durchgeführt werden sollte, wird sich nach den Einsatzmöglichkeiten der neueren etablierten diagnostischen Methoden (pp65-Antigen, qualitative und quantitative CMV-PCR) und ihrer nachgewiesenen Sensitivität und Spezifität richten. Nur so können nämlich diejenigen Patienten erfaßt und charakterisiert werden, die ein hohes Risiko für eine CMV-Erkrankung haben und gleichzeitig von einer Prophylaxe bzw. einer „Pre-emptive therapy" profitieren würden. Es bleibt weiterhin abzuwarten, welchen Einfluß eine intensivierte antiretrovirale Therapie über einen längeren Behandlungszeitraum nicht nur auf die Inzidenz, sondern auch auf die Verläufe der CMV-Erkrankung bei HIV-Patienten haben wird.

Literatur

[1] Bowen EF, Griffiths PD, Davey CC, Emery VC, Johnson MA: Lessons from the natural history of cytomegalovirus. AIDS 10 (1996) (suppl.), S37-S41

[2] Bowen EF, Wilson P, Cope A, Sabin C, Griffiths PD, Davey CC, Johnson MA, Emery VC: Cytomegalovirus retinitis in AIDS patients: influence of cytomegaloviral load on response to ganciclovir, time to recurrence and survival. AIDS 10 (1996) 1515-1520

[3] Bowen EF, Sabin C, Wilson P, Griffiths PD, Davey CC, Johnson MA, Emery VC: Cytomegalovirus (CMV) viraemia detected by polymerase chain reaction identifies a group of HIV-positive patients at high risk of CMV disease. AIDS 11 (1997) 889-893

[4] Brosgart CL, Craig C, Hillmann D et al.: A randomized placebo controlled trial of the safety and efficacy of oral Ganciclovir for prophylaxis of CMV retinitis and gastrointestinal mucosal disease in HIV-infected individuals with severe immunosuppression. 35th Interscience Conference on Antimicrobial Agents and Chemotherapy. San Francisco (1995) LB-10

[5] Dodt KK, Jacobsen PH, Hofmann B, Meyer C, Kolmos HJ, Skonhoj P, Norrild B, Mathiesen L: Development of Cytomegalovirus (CMV) disease may be predicted in HIV-infected patients by CMV polymerase chain reaction and the antigenemia test. AIDS 11 (1997) F21-F28

[6] Drouet E, Boibieux A, Michelson S, Ecochard R, Biron F, Peyramond D, Colimon R, Denoyel G: Polymerase chain reaction detection of cytomegalovirus DNA in peripheral blood leukocytes as a predictor of cytomegalovirus disease in HIV-infected patients. AIDS 7 (1993) 665-668

[7] Hibberd PL, Tolkoff-Rubin NE, Conti D, Stuart F, Thistlethwaite JR, Neylan JF, Snydman DR, Freeman R, Lorber MI, Rubin RH: Preemptive Ganciclovir therapy to prevent cytomegalovirus disease in cytomegalovirus antibody-positive renal transplant recipients. Ann. Intern. Med. 123 (1995) 18-26

[8] Katlama C: Concequences for the management of Cytomegalovirus. AIDS 10 (1996) (suppl.) S43-S46

[9] Patel R, Smith TF, Espy M, Portela DP, Wiesner RH, Krom RAF, Paya CV: A prospective comparison of molecular diagnostic techniques for the early detection of cytomegalovirus in liver transplant patients. J. Infect. Dis. 171 (1995) 1010-1014

[10] Rasmussen L, Morris S, Zipeto D, Fessel J, Wolitz R, Dowling A, Merigan TC: Quantitation of human cytomegalovirus DNA from peripheral blood cells of human immunodeficiency virus-infected patients could predict cytomegalovirus retinitis. J. Infect. Dis. 171 (1995) 177-182

[11] Revello MG, Percivalle E, Sarasini A, Baldanti F, Furione M, Gerna G: Diagnosis of human cytomegalovirus infection of the central nervous systems by pp65 detection on polymorphonuclear leukocytes of cerebrospinal fluid from AIDS patients. J. Infect. Dis. 170 (1994) 1275-1279

[12] Rose DN, Sacks HS: Cost-effectiveness of cytomegalovirus (CMV) disease prevention in patients with AIDS: Oral ganciclovir and CMV polymerase chain reaction testing. AIDS 11 (1997) 883-887

[13] Rubin RH, Impact of Cytomegalovirus infection on organ transplant recipients. Rev. Infect. Dis. (1990) 12, (suppl. 7) S754-766

[14] Salzberger B, Franzen C, Fätkenheuer G, Cornely O, Schwenk A, Rasokat H, Diehl V, Schrappe M: CMV antigenemia in peripheral blood for the diagnosis of CMV disease in HIV-infected patients. J. Acquir. Imm. Syndr. Hum. Retrovirol. 11 (1996) 365-369

[15] Spector SA, McKinley GF, Lazerari JP, Samo T, Andruczk R, Follansbee S, Sparti PD, Havlir DV, Simpson G, Buhles W, Wong R, Stempien MJ: Oral ganciclovir for the prevention of cytomegalovirus disease in persons with AIDS. N. Engl. J. Med. 334 (1996) 1491-1497

[16] Winston DJ, Ho WG, Bartoni K, Du Mond C, Ebeling DF, Buhles WC, Champlin RE: Ganciclovir prophylaxis of cytomegalovirus infection and disease in allogeneic bone marrow transplant recipients. Ann. Intern. Med. 118 (1993) 179-184

[17] Zipeto D, Morris S, Hong C, Dowling A, Wolitz R, Merigan TC, Rasmussen L: Human cytomegalovirus (CMV) DNA in plasma reflects quantity of CMV DNA present in leukocytes. J. Clin. Microbiol. 33 (1995) 2607-2611

Lokaltherapie der Cytomegalievirus-Retinitis

Hermann O.C. Gümbel, Frank H.J. Koch

Lokaltherapie am Auge – Technik und Risiko

Die Möglichkeit, wirksame Arzneistoffe direkt an den Ort einer Entzündung zu bringen, ist kaum besser als am Auge. Um eine infektiöse Erkrankung erfolgreich zu bekämpfen, sind wirksame Antibiotikakonzentrationen im infizierten Gebiet erforderlich. Eine Vielzahl von Faktoren beeinflußt die Pharmakokinetik der verschiedenen Chemotherapeutika. So erfordert ein gutes körpereigenes Abwehrsystem relativ niedrige Wirkspiegel, eine bestehende Immunsuppression dagegen hohe Wirkspiegel.

Es gibt nun verschiedene Möglichkeiten, durch topische Gabe von Medikamenten den vorderen Augenabschnitt (Bindehaut, Hornhaut, Iris) bzw. den hinteren Augenabschnitt zu erreichen. Die Bindehaut und die Hornhaut sind für Augentropfen gut zugänglich, eine Penetration des Wirkstoffes ist meist nicht gefragt. Anders dagegen bei Entzündungen des Kammerwasserraumes und der Iris. Hier sind brauchbare Konzentrationen im Kammerwasser nur durch subkonjunktivale Injektionen oder häufige (stündliche) Tropfenapplikationen zu erzielen. Systemische Gabe von Chemotherapeutika erreicht nach Durchlässigkeit der Blut-Kammerwassergrenze ebenfalls ausreichende Wirkspiegel.

Das hintere Augensegment ist schwer durch systemische Gabe von Chemotherapeutika zu erreichen, da die bestehende Blut-Retinaschranke nur bei schweren Endophthalmitiden zusammenbricht und eine ausreichend hohe Konzentration erreicht wird. So hat eine Untersuchung der Glaskörperkonzentration von 54 Patienten (60 Augen) mit Cytomegalievirus(CMV)-Retinitis und AIDS ergeben, daß die intravenöse (i.v.) Erhaltungstherapie mit Ganciclovir (GAN) oder Foscarnet (FOS) nur grenzwertig ausreichende oder gar subtherapeutische Wirkspiegel intraokular (i.o.) erreicht hat [2]. Am wirksamsten ist deshalb die direkte Injektion von Chemotherapeutika über die Pars plana, die anatomisch 3,5 mm vom Limbus in der Sklera liegt und ohne größere Gefährdung des Auges eine Injektion in den Augapfel ermöglicht. Die Eliminierung der injizierten Stoffe über die retinale Pumpe ist jedoch bei Aphakie und bestehender intraokularer Entzündung beschleunigt. Durch die Gabe von Probenecid läßt sich diese Pumpwirkung abschwächen. Risiken der intraokularen oder intravitrealen Injektion sind die Einschleppung von bakteriellen Erregern in den Vitreus bzw. die iatrogene Erzeugung einer Glaskörperblutung oder eines Netzhautloches nach nicht fachgerechter Injektion.

Die größten Erfahrungen mit der intravitrealen Therapie bestehen bei Patienten mit AIDS und CMV-Retinitis. Hier hat sich gezeigt, daß sofort hohe Wirkspiegel der zugelassenen Virostatika Ganciclovir oder Foscarnet zur Verfügung stehen, speziell bei Retinitisherden, die das zentrale Sehvermögen bedrohen [4, 6].

Intravitreal injizierbare Virostatika und Dosierungen

Keines der bislang zur Behandlung der CMV-Retinitis bei AIDS zugelassenen Virostatika ist zur intravitrealen Applikation in Form einer Pars-plana-Injektion zugelassen. Die

Notwendigkeit einer topischen Anwendung der zugelassenen Virostatika (Ganciclovir, Foscarnet und Cidofovir) hat sich oftmals aus einer therapeutischen Zwangslage ergeben, wenn aufgrund der haematopoetischen oder nephrotoxischen allgemeinen Nebenwirkungen nach systemischer Applikation eine i.v.-Therapie unmöglich wurde und eine drohende Erblindung nur durch eine intravitreale Injektion verhindert werden konnte.

Die bislang zur topischen Anwendung von Virostatika durchgeführten Studien sind nicht randomisiert und nur selten kontrolliert [4, 6, 16, 27]; dennoch zeigen alle Ergebnisse, daß innerhalb von acht Tagen nach Injektion eine deutliche Rückbildung der frischen Retinitiszonen zu beobachten ist. Klinisch resistente Formen der CMV-Retinitis können durch eine systemische Kombinationstherapie von Ganciclovir und Foscarnet besser kontrolliert werden [4, 26]. Durch die Kombination dieser beiden Virostatika summieren sich jedoch auch die bekannten Nebenwirkungen, und die Lebensqualität leidet erheblich unter den langen Infusionsregimen (ca. 3 h/d). Um die Wirkung zu erhöhen und gleichzeitig die Lebensqualität zu verbessern, hat man sich zu einer Kombination von intravitrealem Foscarnet und i.v.-Gabe von Ganciclovir entschlossen [13, 21].

Einen wesentlichen Vorteil in der Applikationsfrequenz stellt das Virostatikum Cidofovir dar; es handelt sich um ein Nukleotidanalogon mit einem breiten antiviralen Spektrum, das neben allen Viren der Herpesgruppe auch die Adenoviren umfaßt. Während Ganciclovir und Foscarnet initial zweimal in der Woche appliziert werden müssen, ist die Gabe von Cidofovir bis zur Vernarbung der Retinitiszone nur einmal wöchentlich notwendig. Zur Erhaltungstherapie mit Ganciclovir und Foscarnet muß einmal pro Woche eine Injektion vorgenommen werden; unter der Behandlung mit Cidofovir reicht dagegen alle 14 Tage eine Pars-plana-Injektion [8, 16, 20].

Nach Injektion von Foscarnet oder Ganciclovir kommt es kaum zu toxischen Nebenwirkungen der Wirksubstanz [19, 23]. Dagegen häufen sich die Berichte über Irititiden und persistierende Hypotonien mit konsekutiver Erblindung, die direkt den intravitrealen Cidofovir-Injektionen folgen [7, 25]. Diese veranlaßten den Hersteller, die behandelnden Ophthalmologen ausdrücklich darauf hinzuweisen, auf eine intravitreale Applikation von Cidofovir zu verzichten.

Die folgende Tabelle (Tab. 1) gibt die bislang zur Behandlung der CMV-Retinitis am besten evaluierten Dosierungen pro 0,1 ml Injektionsmenge an. Dabei ist auch ein neuer Wirkstoff, das Oligonukleotid ISIS 2922, angeführt. Die Substanz wird zur Zeit in einer großen multizentrischen Studie getestet. Auch bei diesem Wirkstoff ist lediglich eine Injektion alle zwei Wochen erforderlich.

Tabelle 1: Dosierungsrichtlinien zur intravitrealen Injektion von den bislang zur Therapie der CMV-Retinitis verfügbaren Virostatika. Zur Anwendung mit einer 1ml-Insulinspritze mit 27-gauge-Nadel und Pars-plana-Injektion von 0,1 ml Wirkstoff (ISIS 2922 0,05ml)

Substanzen	Ganciclovir	Foscarnet	Cidofovir	ISIS 2922
Einheit	µg	mg	µg	µg
Dosis	200	2,4	20	150

Intravitreale Langzeittherapie mit Medikamententrägern

Anfang der 90er Jahre machte die notwendige häufige intravitreale Injektionsfrequenz von Ganciclovir bei CMV-Retinitis zur lokalen Erhaltungstherapie ein neues Therapiekonzept notwendig. Die Untersuchung der Permeabilität von Äthylenvinylacetat- und Polyvinylalkohol-Membranen gegenüber Ganciclovir führte zur Entwicklung der ersten in den Glaskörper zu implantierenden Medikamententräger [24]. Die Idee der „Pellets“ beruht auf dem Prinzip der Doppelmembran aus undurchlässigem Äthylenvinylacetat (EVA) und durchlässigem Polyvinylalkohol (PVA), die eine verzögerte dauerhafte Abgabe von Ganciclovir in den Glaskörper entlang dem bestehenden Konzentrationsgefälle ermöglicht, wie in Abbildung 1 dargestellt.

Die Entwicklung des Medikamententrägers führte von Pellets, die 5 µg/h in den Glaskörper abgaben und mit 6 mg Substanz beladen waren [24], über klinisch eingesetzte Ex-

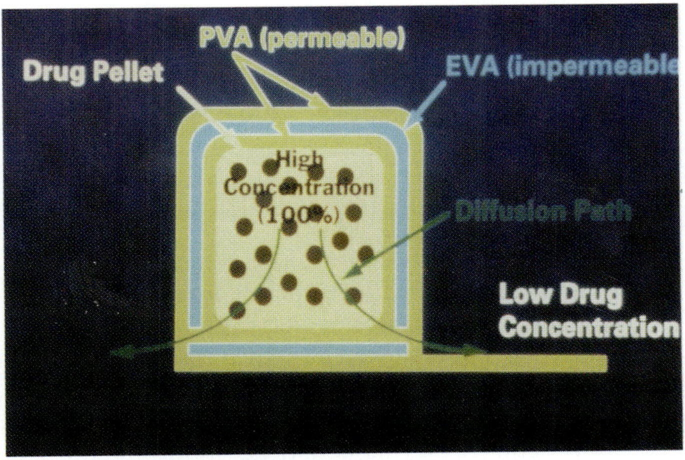

Übersetzungen der Bildbeschriftung:

Drug Pellet → Wirkstoffpellet
PVA (permeable) → PVA (permeabel)
EVA (impermeable) → EVA (impermeabel)
Diffusion Path → Diffusionsweg
Low Drug Concentration → niedrige Wirkstoffkonzentration

Abbildung 1: Ganciclovir-Medikamententräger im schematischen Querschnitt mit durchlässiger PVA-Membran und undurchlässiger EVA-Hülle und Bezeichnung des Diffusionsgefälles von hoher zu niedriger Konzentration emplare mit einer Diffusionsrate von 2µg/h [22] bis zur aktuell verwendeten Version, die 1µg/h abgibt und eine Beladung von 4,5 mg aufweist [17]. Letztere sind von der Firma Chiron (USA) unter dem Namen Vitrasert® im Handel. Die Wirkdauer der Pellets beträgt nach Implantation im Auge zwischen sechs bis acht Monaten.

Die Indikation einer Ganciclovir-Medikamententräger-Implantation bei virostatisch vorbehandelten Patienten muß sehr individuell gestellt werden. So wird nach oraler Erhaltungstherapie mit Ganciclovir häufiger ein Rezidiv der CMV-Retinitis diagnostiziert als nach i.v.-Ganciclovir-Therapie (68 Tage nach oraler und 96 Tage nach i.v.-Therapie) [9]. Drei von zehn Patienten, die an einer Multicenterstudie (3 g vs. 6 g Ganciclovir oral) teilnahmen [18] und die sich danach zur Implantation eines Pellets entschlossen, entwickelten Ganciclovir-resistente CMV-Stämme, die intraoperativ aus dem Glaskörper isoliert wurden [28]. Die Chance einer Netzhautablösung steigt außerdem bei mehr als 25% nekrotisierter Retinitisfläche um das Fünffache an [10] und erhöht somit das Operationsrisiko.

Patienten, die länger als drei Monate systemisch mit antiviraler CMV-Therapie vorbehandelt wurden, oder solche, die mehr als 25% vernarbter Netzhautfläche aufweisen, sind somit als Risikopatienten bezüglich einer Medikamententräger-Implantation anzusehen. Dies bedeutet, daß bei zunehmender Überlebenszeit der Patienten nach Diagnose der CMV-Retinitis die Indikation zur Implantation früh bei noch kleinen peripheren oder zentralen Läsionen gestellt werden sollte, um den funktionellen Defekt möglichst lange klein zu halten.

Implantationstechnik des Ganciclovir-Medikamententrägers

Die operative Technik der Pellet-Implantation in den Glaskörper wurde erstmals 1992 von SMITH et al. für ein Tiermodell mit Neuseeland-Kaninchen beschrieben [24]. Im gleichen Jahr wurde das operative Vorgehen am Patienten mit genauer Beschreibung der Positionierung des Medikamententrägers im Auge veröffentlicht (Abb. 2) [22]. Eine operative Variante der Implantationstechnik wird von unserer Arbeitsgruppe vorgestellt, da nach klinischer Anwendung der klassischen Technik einige entscheidende Nachteile offenbar wurden. In den Abbildungen 3a bis d wird an einem Schema diese Operationstechnik beschrieben. Sie bietet den Vorteil einer kompletten Abdeckung der 5 mm großen Sklerawunde, verhindert eine postoperative Wunddehiszenz und stellt eine bessere Infektionsprophylaxe dar.

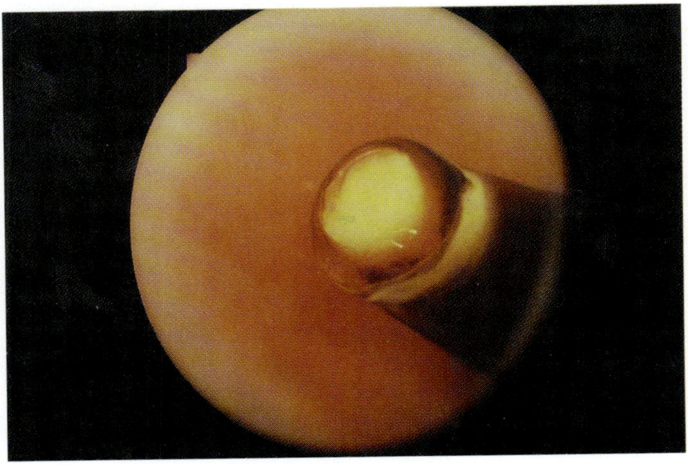

Abbildung 2: Ganciclovir-Medikamententräger im Glaskörperraum hängend, ohne vitreoretinale Adhäsionen

Eine Zweitimplantation eines Ganciclovir-Medikamententrägers wird durchschnittlich nach sechs Monaten notwendig und sollte, um die sklerale Durchblutung des Bulbus nicht zu stark zu beeinträchtigen, auf der der ersten Implantationsstelle gegenüberliegenden Seite des Augapfels erfolgen. Eine Entfernung des verbrauchten Pellets ist wegen der unterschiedlich stark ausgeprägten vitreoretinalen Adhäsionen des Medikamententrägers mit der Netzhaut zu vermeiden [19].

Entscheidend für eine erfolgreiche Implantation des Medikamententrägers scheint der Zeitpunkt der Implantation zu sein. Die Rate der schwerwiegendsten Komplikation, der Netzhautablösung, schwankt in der Häufigkeit zwischen

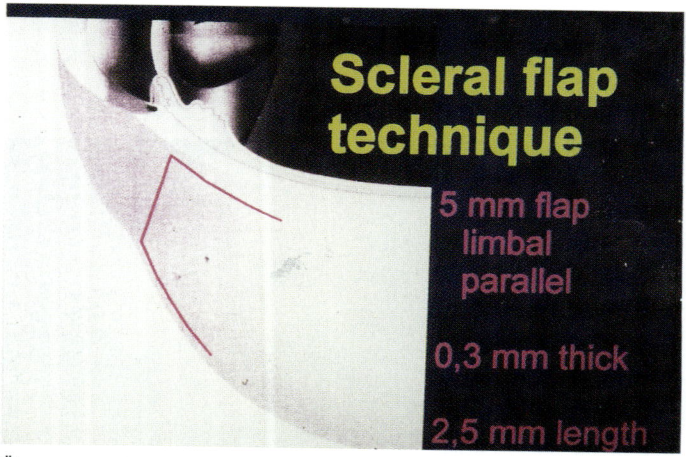

Übersetzungen der Bildbeschriftung:

Scleral flap technique	→ Sklerallappen-Technik
5 mm flap limbal parallel	→ 5 mm Lappen limbal parallel
0,3 mm thick	→ 0,3 mm dick
2,5 mm length	→ 2,5 mm lang

Abbildung 3a: Schematischer Verlauf der Skleraincision zur Medikamententräger-Implantation mit mm-Angaben

2 und 23%. Die Gefahr einer Netzhautablösung steigt dabei mit dem Anteil der betroffenen Netzhautfläche deutlich an [10]. Die Netzhautablösung ist zugleich eine späte Komplikation im Rahmen der beschriebenen Nebenwirkungen und tritt nicht häufiger als bei konservativ behandelten Patienten auf; hier liegt die Inzidenz der Netzhautablösung bei durchschnittlich 26% [15]. Frühe Komplikationen nach Implantation eines Pellets sind meist operationstechnisch bedingt, wie z.B. die Verletzung eines Aderhautgefäßes bei der Incision der Sklera mit nachfolgender Einblutung in den Glaskörper oder die Entwicklung eines postoperativen Astigmatismus nach Wundverschluß mit der klassischen OP-Methode nach Sanborn et al., [22]. In einem Fall führte die klassische Aufhängung, wie vorher

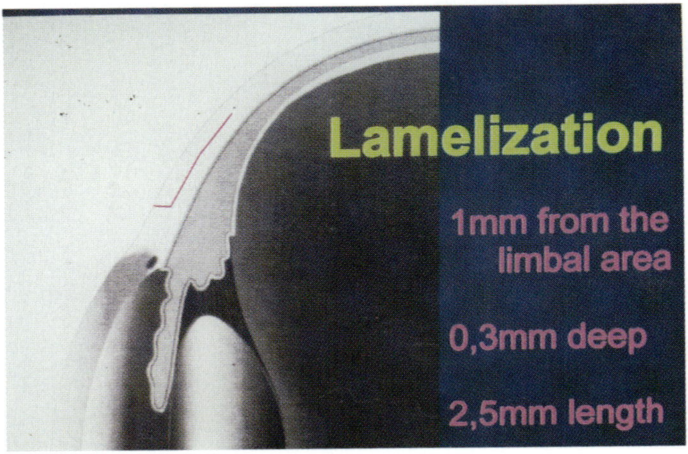

Übersetzungen der Bildbeschriftung:

Lamelization	→	Lamellisation
1 mm from the limbal area	→	1 mm von der Limbal-Zone
0,3 mm deep	→	0,3 mm tief
2,5mm length	→	2,5 mm lang

Abbildung 3b: Schematische Aufzeichnung der Tiefe der zu präparierenden Skleralamelle

beschrieben, postoperativ zu einer begrenzten dauerhaften Linsentrübung, die jedoch die Sehschärfe nicht beeinträchtigte (Tab. 2) [12].

„Drug targeting in future"

Das Auge ist aufgrund der exponierten anatomischen Lage und der speziellen Abgrenzung als pharmakologisches Kompartiment mit einer Blut-Kammerwasser- und Blut-Retinaschranke sowie der Möglichkeit, alle therapeutischen Maßnahmen unter optischer Kontrolle durchzuführen, für eine zielgerichtete medikamentöse Therapie am Wirkort

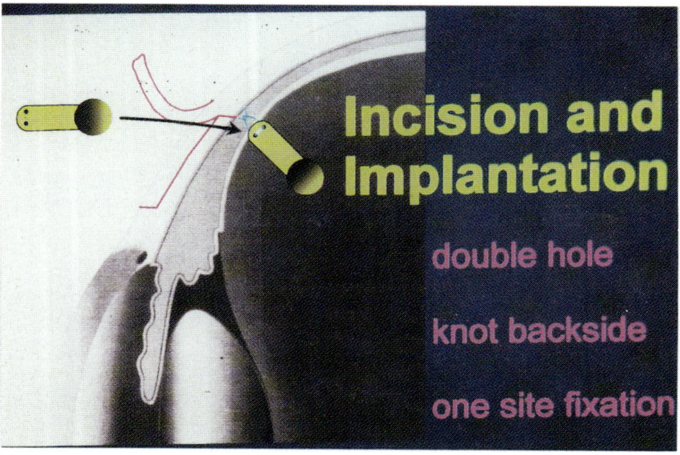

Übersetzungen der Bildbeschriftung:

Incision and Implantation	→	Incision und Implantation
double hole	→	Doppelschlinge
knot backside	→	Knoten rückseitig
one site fixation	→	einseitige Fixierung

Abbildung 3c: Incision der Sklera und Implantation des Medikamententrägers in die Pars plana

ideal geeignet. Der Ganciclovir-Medikamententräger ist von seiner Konstruktion und dem Material für einen dauerhaften Verbleib im Glaskörper geschaffen und führt nach unseren Beobachtungen auch nach mehr als zwölf Monaten im Vitreus nicht zu entsprechenden Fremdkörperreaktionen. Derzeit werden daher zylindrische Pellets mit einer Beladung von 20 mg Ganciclovir im Tiermodell getestet, mit denen bei einer Diffusionsrate von 1µg/h für zwei Jahre eine CMV-Retinitis therapiert werden könnten [5].

Mit der Wende in der Therapie der HIV-Infektion durch erfolgreiche antiretrovirale Kombinationstherapien und dem damit verbundenen deutlichen Rückgang der Inzidenz der CMV-Retinitis haben sich auch die Ansprüche der

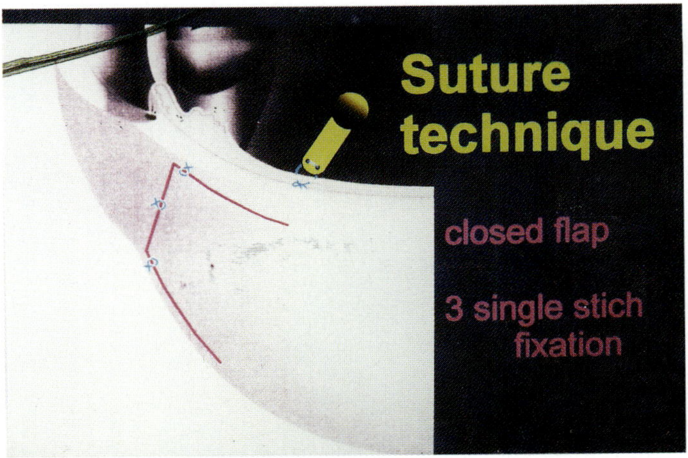

Übersetzungen der Bildbeschriftung:

Suture technique	→	Verschlußtechnik
closed flap	→	Verschluß des Lappens
3 single stich fixation	→	Fixierung mit drei einfachen Stichen

Abbildung 3d: Verschluß der Incisionsstelle durch Zurückklappen des Deckels und Lage des Medikamententrägers im Glaskörper

Tabelle 2: Zusammenfassung der wichtigsten klinischen Ergebnisse aus den bislang veröffentlichenten Studien zur Implantation von Ganciclovir-Medikamententrägern

	Patienten	Augen	1. Pellet	2. Pellet	Komplikation Ablatio retinae		Durchschnittliche rezidiv-freie Zeit	Extraokulare CMV-Manifestation	
			Anzahl Augen		Anzahl Augen		Anzahl in Tagen		
Studie/Jahr	n=	n=	n=	n=	n=	%		n=	%
Anand et al., 1993	20	30	18	9	3	11%	133	7	35%
Sanborn et al., 1992	8	13	13	0	3	23%	77	0	
Martin et al., 1994	26	30	27	12	7	23%	226	8	31%
Fuchs et al., 1997	28	46	10	4	1	2%	242	5	20%
Gümbel et al., 1997	20	32	32	0	5	16%	225	0	
Hatton et al., 1998	48	56	56	7	12	21%	224	0	

Patienten an die Therapiekonzepte geändert. So werden tägliche Infusionsregime kaum noch akzeptiert. Eventuelle Rezidive können mit einer systemischen Initialtherapie (Ganciclovir/Foscarnet) aufgrund der zusätzlichen Belastung der hepatorenalen Ausscheidung mit mehrfach kombinierter antiretroviraler Therapie kaum durchgeführt werden. In diesem Fall soll sich zukünftig ein Implant bewähren, das einen kontinuierlichen Wirkspiegel an Ganciclovir intraokular garantiert; mit der neuesten Entwicklung des Medikamententrägers (Beladung mit 20 mg) wird es der verlängerten Überlebenszeit von AIDS-Patienten nach Diagnosestellung einer CMV-Retinitis entsprechen.

Die innerhalb von fünf Jahren mit dieser Form des „drug targeting“ gewonnenen Erkenntnisse haben dazu geführt, daß dieses Verfahren auf die Therapie schwerer posteriorer Uveitiden, bedingt durch Autoimmunreaktionen, ausgedehnt werden soll. Erste Studien mit Medikamententrägern, die über drei Jahre lang Cyclosporin A abgeben, sind bereits angelaufen [3].

Literaturverzeichnis

[1] Anand R, Font RL, Fish RH, et al.: Pathology of cytomegalovirus retinitis treated with sustained release intravitreal ganciclovir. Ophthalmology 100 (1993) 1032–1039

[2] Arevalo JF, Gonzalez C, Capparelli EV, Kirsch LS, Garcia RF, Quiceno JI, Connor JD, Gambertoglio J, Bergeron-Lynn G, Freeman WR: Intravitreous plasma concentrations of ganciclovir and foscarnet after intravenous therapy in patients with AIDS and cytomegalovirus retinitis. J. Inf. Dis. 172 (1995) 951–956

[3] Ashton P, Guo H, Chen J, Vieira W, Jaffe G, Wu M, Ip M, Smith T, Henner-Becker H, Pearson PA: Long-term intravitreal drug delivery. Klin Monatsbl Augenheilkd 212 (1998) Suppl 3, 1–10

[4] Cantrill HL, Henry K, Melroy H, et al.: Treatment of cytomegalovirus retinitis with intravitreal ganciclovir. Ophthalmology 96 (1988) 367–374

[5] Chen J, Guo H, Ashton P: Development of a two year ganciclovir implant. International Symposium on Experimental and Clinical Ocular Pharmacology and Pharmaceutics. Drug Development Geneva, Switzerland, September 28-October 1, 1995, p 6

[6] Cochereau-Massin I, Lehoang P, Lautier-Frau M et al.: Efficacy and tolerance of intravitreal ganciclovir in cytomegalovirus retinitis Ophthalmology 98 (1991) 1348–1358

[7] Davis JL, Taskintuna I, Freeman WR, Weinberg DV, Feuer WJ, Leonard RE: Iritis and hypotony after treatment with intravenous cidofovir for cytomegalovirus retinitis. Arch. Ophthalmol. 115 (1997) 733–737

[8] Diaz-Llopiz M, Espana E, Munoz G, Navea A, Chipont E, Cano J, Menezeo JL, Romero FJ: High dose intravitreal foscarnet in the treatment of cytomegalovirus retinitis in AIDS. Br. J. Ophthalmol. 78 (1994) 120–124

[9] Drew WL, Ives D, Lalezari JP et al.: Oral ganciclovir as maintenance treatment for cytomegalovirus retinitis in patients with AIDS. N Engl. J. Med. 333 (1995) 615–620

[10] Freeman WR, Friedberg DN, Berry C, et al.: Risk factors for development of rhegmatogenous retinal detachement in patients with cytomegalovirus retinitis. Am. J. Ophthalmol. 116 (1993) 713–720

[11] Fuchs AV, Scheider A, Schweykart N, Klauß V, Kampik A: Lokaltherapie zur Behandlung der Zytomegalievirus (CMV)-Retinitis. Ophthalmologe 94 (1997) 719–723

[12] Gümbel HOC, Rosenkranz C, Schnaudigel OE, et al.: Indikation, Krankheitsverlauf und postoperative Komplikationen nach pars plana Implantation eines Ganciclovir Medikamententrägers bei Patienten mit Zytomegalievirus-Retinitis und AIDS. Ophthalmologe 94 (1997) 713–718

[13] Gümbel HOC, Hofmann F, Cinatl J, van Even G, Makabe R: A combination therapy of intravitreal foscarnet and intravenous ganciclovir in clinically resistant cytomegalovirus retinitis and patients with AIDS. German J. Ophthalmol. 5 (1997) 490–491

[14] Hatton MP, Duker JS, Reichel E, Morley MG, Puliafito CA: Treatment of relapsed cytomegalovirus retinitis with the sustained-release ganciclovir implant. Retina 18 (1998) 50–55

[15] Jabs DA, Engler C, Haller J, et al.: Retinal detachements in patients with cytomegalovirus retinitis. Arch. Ophthalmol. 109 (1991) 794–799

[16] Katlama C, Matheron S, Knospe V, Barton S et al.: 6g vs. 3g doses of oral ganciclovir in maintenance treatment of CMV retinitis. XI International Conference on AIDS Vancouver, July 7–12, 1996 TuB 2184 p. 296

[17] Kirsch LS, Arevalo JF, Dela Paz EC, Munguia D, De Clerq E, Freeman WR: Intravitreal cidofovir (HPMPC) Treatment of cytomegalovirus retinitis in patients with acquired immune deficiency syndrome. Ophthalmology 102 (1995) 533–543

[18] Martin DF, Parks DJ, Mellow SD, et al.: Treatment of cytomegalovirus retinitis with an intraocular sustained-release ganciclovir implant. Arch. Ophthalmol. 112 (1994) 1531–1539

[19] Morley MG, Duker JS, Ashton P et al.: Replacing ganciclovir implants. Ophthalmology 102 (1995) 388–392

[20] Pearson PA, Jaffe GJ, Ashton P.: Intravitreal foscarnet for cytomegalovirus retinitis in a patient with acquired immune deficiency syndrome. Am. J. Ophthalmol. 115 (1993) 686–688

[21] Pivetti-Pezzi P, Accorinti M, Ciapparoni V, Vullo V: Treatment of clinically resistant cytomegalovirus retinitis in AIDS patients: combination of intravenous ganciclovir and intravitreal foscarnet. Eur. J. Ophthalmol. 5 (1995) 199–203

[22] Sanborn GE, Anand R, Torti RE, et al.: Sustained-release ganciclovir therapy for treatment of cytomegalovirus retinitis. Arch. Ophthalmol. 110 (1992) 188–195

[23] Saran BR, Maguire AM: Retinal toxicity of high dose intravitreal ganciclovir. Retina 14 (1994) 248–252

[24] Smith TJ, Pearson A, Blandford DL, et al.: Intravitreal sustained-release ganciclovir. Arch. Ophthalmol. 110 (1992) 255–258

[25] Taskintuna I, Rahhal FM, Rao NA, Wiley CA, Mueller AJ, Banker AS, De Clerq E, Arevalo JF, Freeman WR: Adverse events and autops findings after intravitreous cidofovir therapy in patients with acquired immune deficiency syndrome (AIDS) Ophthalmology 104 (1997) 1827–1837

[26] The Studies of Ocular Complications of AIDS Research Group, AIDS Clinical Trials Group: Combination foscarnet and ganciclovir therapy vs monotherapy for the treatment of relapsed cytomegalovirus retinitis in patients with AIDS: the Cytomegalovirus Retreatment Trial. Arch. Ophthalmol. 114 (1996) 23–33

[27] Ussery FM, Gibson SR, Conklin RH, Piot DF, Stool EW, Conklin AJ: Intravitreal ganciclovir in the treatment of AIDS-associated cytomegalovirus retinitis. Ophthalmology 95 (1988) 640–688

[28] Vogel et al.: Institut für Medizinische Virologie, persönliche Mitteilung

Cidofovir bei der CMV-Retinitis

Jürgen K. Rockstroh

Die Behandlungsmöglichkeiten bei CMV-Retinitis haben sich in den letzten Jahren entscheidend verbessert. Derzeit stehen als Standardtherapeutika die CMV-DNA-Polymeraseinhibitoren Ganciclovir und Foscarnet zur Verfügung. Ganciclovir liegt inzwischen auch in einer oralen Form vor. Beide Substanzen kommen außerdem als intravitriale Applikationen oder in Form von Pellets zum Einsatz. Hauptnebenwirkung von Ganciclovir ist die Leukopenie. Foscarnet wirkt nephrotoxisch und verursacht Genitalulzerationen. Trotz der Wirksamkeit von Ganciclovir und Foscarnet kommt der Entwicklung neuer Substanzen, die zur Therapie der CMV-Retinitis geeignet sind, eine große Bedeutung zu; Ursache dafür sind die hohen Rezidivraten und die erheblichen Einschränkungen der Lebensqualität durch die häufig notwendigen langandauernden Infusionstherapien.

Seit Ende 1997 ist nun die neue Substanz Cidofovir, ein Cytidinanalogon mit In-vitro- und In-vivo-Aktivität gegen das humane Cytomegalievirus, im Handel. Cidofovir unterdrückt die CMV-Replikation durch selektive Blockade der viralen DNA-Synthese. Die lange Halbwertszeit von Cidofovir erlaubt eine intermittierende intravenöse Gabe. Die Initialtherapie erfolgt mit je einer Infusion pro Woche innerhalb von 14 Tagen. Zur Erhaltungstherapie reicht anschließend eine Infusion alle zwei Wochen aus. Obwohl diese Therapie wegen der potentiellen Nephrotoxizität eine adjunktive Hydratation mit physiologischer Kochsalzlösung und eine begleitende Gabe von Probenecid erfordert, bedeutet die Behandlung mit Cidofovir eine deutliche Verbesserung der Lebensqualität. Auch sind wegen der langen intertherapeutischen Intervalle keine Verweilkatheter und Ports notwendig. Damit steht eine neue potente Substanz zur Behandlung der CMV-Retinitis zur Verfügung. Im folgenden soll auf Wirkmechanismus, pharmakologische Untersuchungen, antivirale Aktivität, klinische Studien, Resistenzbildung und Nebenwirkungsprofil von Cidofovir eingegangen werden.

Wirkungsmechanismus

Cidofovir (3-Hydroxy-2-Phosphonylmethoxy-Propylcystosin, HPMPC) (Abb. 1) hemmt die DNA-Polymerase von CMV spezifisch kompetitiv. In vitro inhibiert die Substanz das Wachstum von CMV wesentlich stärker als Ganciclovir oder Foscarnet. Das Monophosphatnukleotid-Analogon Cidofovir wird durch zelluläre Enzyme phosphoryliert; mit dem resultierenden Diphosphat wird die DNA-Polymerase von Cytomegalieviren, aber auch von anderen Viren durch die kompetitive Inhibition des Einbaus von Desoxycytosin-S'-Triphosphat in die virale DNA gehemmt. Nach Inkorporation in die virale DNA führt Cidofovir-Diphosphat zur einer Verlangsamung der wei-

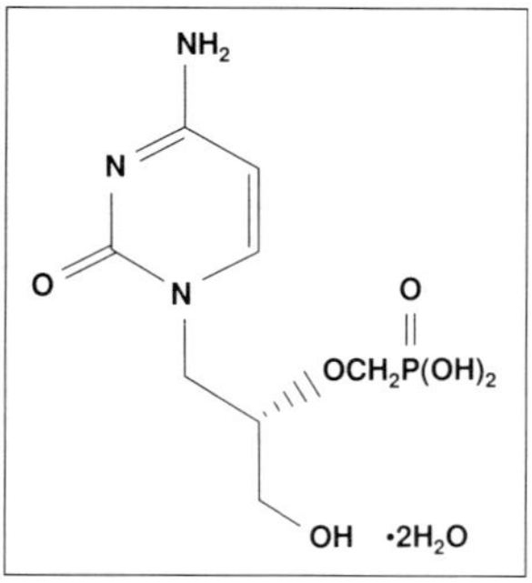

Abbildung 1: Strukturformel von Cidofovir

teren DNA-Synthese und vermutlich zu einer Destabilisierung der viralen DNA [15]. Das in vitro breite antivirale Wirkspektrum von Cidofovir richtet sich neben CMV auch gegen Adenoviren und Papillomaviren sowie Herpes simplex 1 und 2. Tabelle 1 faßt die Hemmung des Viruswachstums durch Cidofovir in Zellkultur unterschiedlicher Viren zusammen.

Pharmakologisches und pharmakokinetisches Profil von Cidofovir

Cidofovir wird hauptsächlich renal in unveränderter Form ausgeschieden, und zwar sowohl durch glomeruläre Filtration als auch durch tubuläre Sekretion. Bei Patienten mit normaler Nierenfunktion werden innerhalb von 24 Stunden 80 bis 100% der intravenösen Cidofovir-Dosis unverändert im Urin wiedergefunden. Metaboliten von Cidofovir im Serum oder im Urin von Patienten können nicht nachgewiesen werden.

Die durchschnittliche Serumkonzentration von Cidofovir (± SD) am Ende einer einstündigen Infusion von 5 mg/kg KG ergeben zusammen mit Probenecid oral 19,6 ± 7,18 µg/ml. Nach intravenöser Applikation einer Dosis von 3

Tabelle 1: Hemmung der Virusvermehrung durch Cidofovir in Zellkulturen [4]

Virus	$IC_{50(\mu m)}$
Wildstamm CMV-Isolate	0,7
Ganciclovir-resistente CMV-Isolate	7,5
Foscarnet-resistente CMV-Isolate	0,59
HSV 1	13
HSV 2	32
Varicella-zoster-Virus (VZV)	0,79
EBV	0,03
HHV6	< 6,3

bis 5 mg/kg KG Cidofovir werden Plasmaspiegel von 7,3 bis 11,5 mg/l erreicht [2]. Tabelle 2 faßt weitere wichtige pharmakokinetische Eigenschaften von Cidofovir zusammen.

Die Liquorgängigkeit von Cidofovir ist gering. Erste Berichte zu Spiegelmessungen zeigten deutlich subtherapeutische CSF-Spiegel unter 0,1 bzw. 0,12 bis 0,16 µg/ml [3].

Klinische Erfahrungen mit Cidofovir

In der Studie Gilead 106 wurde untersucht, ob intravenös appliziertes Cidofovir die Progression einer vormals unbehandelten CMV-Retinitis verlangsamt. Hierzu wurde in einer randomisierten kontrollierten Studie der Erfolg einer sofortigen Therapie mit Cidofovir mit dem einer verspätet begonnenen Cidofovir-Behandlung verglichen. Patienten in der Gruppe mit verspäteter Therapie erhielten Cidofovir, nachdem eine fortschreitende CMV-Retinitis anhand einer Retinafotographie dokumentiert worden war. Insgesamt wurden 48 Patienten mit bereits manifestem AIDS und bislang unbehandelter peripherer CMV-Retinitis in die Studie eingeschlossen. Fünfundzwanzig erhielten eine sofortige Therapie mit Cidofovir, 23 erst nach weiterer Progression ihrer CMV-Retinitis. Dazu wurde Cidofovir intravenös 5 mg/kg KG einmal wöchentlich für zwei Wochen, anschließend einmal alle 14 Tage appliziert. Zur Vermeidung der Nephrotoxizität erhielten die Patienten zusätzlich orales Probenecid und eine intravenöse Hydration mit normaler Kochsalzlösung.

Tabelle 2: Pharmakokinetische Eigenschaften von Cidofovir

Parameter	Wert
Eiweißbindung	< 10%
Serum-Clearance	138 ± 36 ml/kg
Steady-State-Verteilungsvolumen	388 ± 125 ml/kg
Terminale Halbwertzeit	2,2 ± 0,5 Stunden

Abbildung 2 gibt die Zeit bis zur Retinitisprogression für die Gruppe der Patienten mit sofortiger Cidofovir-Therapie und für die Gruppe mit verzögerter Behandlung wieder. Der Median bis zur Retinitisprogression betrug in dem Studienarm mit sofortiger Therapie 120 Tage (95%iges Konfidenzintervall KI. 40 bis 134 Tage) und in der Gruppe mit verzögerter Therapie 22 Tage (95%iges KI. 10 bis 27 Tage). Dieser Unterschied war statistisch hoch signifikant. Der Median bis zur Retinitisprogression oder zum Medikationsabbruch betrug bei dem sofort behandelten Kollektiv 52 Tage (95%iges KI. 37 bis 85 Tage), bei der verzögert behandelten Gruppe 22 Tage (95%iges KI. 13 bis 27 Tage).

Als häufigste Nebenwirkung wurden unter der Cidofovir-Behandlung Neutropenie (15%) und Proteinurie (12%) beobachtet. Die Therapie wurde insgesamt bei zehn von 21 Patienten (24%) abgebrochen; Ursache war jeweils eine im Studienprotokoll definierte behandlungslimitierende Nephrotoxizität. Vorübergehende Reaktion auf Probenecid, die im wesentlichen milde bis mäßige Allgemeinsymptome wie Fieber und Übelkeit umfaßten, traten bei 23 von 41 Patienten (26%) auf; bei drei Patienten (7%) waren sie dosislimitierend.

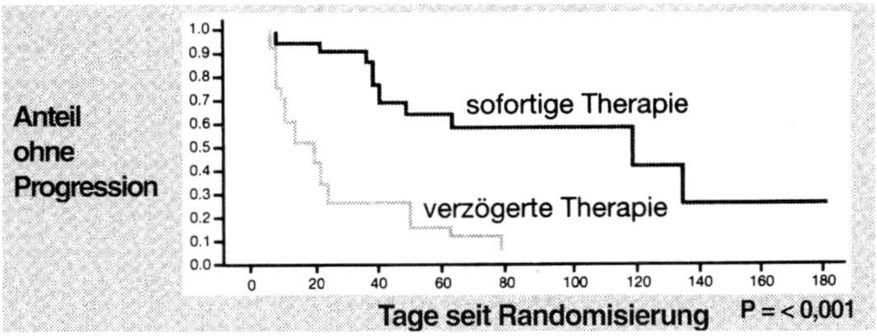

Abbildung 2: Gilead-Studie 106: Zeit bis zur Retinitisprogression in den beiden Studienarmen: (a) sofortige Therapie mit Cidofovir; (b) verzögerte Therapie mit Cidofovir

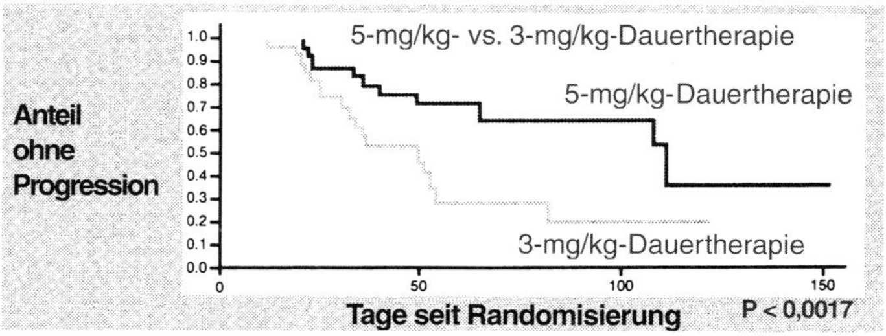

Abbildung 3: Gilead-Studie 107: Zeit bis zur Retinitisprogression in den beiden Studienarmen: (a) 5-mg/kg-Dauertherapie; (b) 3-mg/kg-Dauertherapie

Insgesamt zeigt die Gilead-Studie 106, daß Cidofovir ein wirksames Präparat zur Behandlung der CMV-Retinitis ist. Hauptnebenwirkungen liegen im Bereich der Nephrotoxizität [8].

In der Gilead-Studie 107 wurde die Wirksamkeit von Cidofovir bei rezidivierender CMV-Retinitis untersucht [7]. Hierzu wurden 100 HIV-infizierte Patienten mit rezidivierter CMV-Retinitis nach Induktionstherapie randomisiert mit zwei Erhaltungsregimen von Cidofovir (3 vs. 5 mg/kg KG) behandelt. Es handelte sich um Patienten, deren Erkrankung weit fortgeschritten war und die im Mittel vier vorausgegangene Rezidive unter Foscarnet oder Ganciclovir hatten. Insgesamt erhielten 49 der Patienten 5 mg/kg KG alle zwei Wochen und 51 3 mg/kg KG Cidofovir alle zwei Wochen. Alle Patienten bekamen am Tag der Cidofovir-Infusion Probenecid (4 g); außerdem wurden sie einer Hydratation mit 0,9%iger physiologischer Kochsalzlösung unterzogen.

Die Zeit bis zur Retinitisprogression für die beiden Studiengruppen ist in Abbildung 3 wiedergegeben. Der Median bis zur Retinitisprogression betrug in dem Studienarm mit Erhaltungstherapie 5 mg/kg KG 115 Tage (95%iges KI. 70 bis nicht erreicht) und in der Gruppe mit 3 mg/kg KG 49 Tage (95%iges KI. 35 bis 92 Tage). Der Median bis zur

Retinitisprogression oder zum Medikationsabbruch betrug im Behandlungsarm mit 5 mg/kg KG 49 Tage (95%iges KI. 38 bis 63 Tage), im Studienarm mit 3 mg/kg KG 35 Tage (95%iges KI. 27 bis 39 Tage).

In einer weiteren klinischen Untersuchung wurde die Wirksamkeit von intravenös appliziertem Cidofovir zur Behandlung der CMV-Retinitis bei Patienten mit AIDS untersucht [13]. Im ersten Teil der Studie erhielt eine Hälfte der Patienten mit peripherer CMV-Retinitis sofort Cidofovir in einer Dosis von 5 mg/kg KG, die andere Hälfte erst nach Progression der Erkrankung. Es folgte jeweils eine Erhaltungstherapie mit 3 mg/kg KG alle zwei Wochen. In der zweiten Studienphase wurden die Patienten ebenfalls randomisiert sofort oder verzögert mit Cidofovir behandelt; die Erhaltungstherapie erfolgte mit 5 mg/kg KG. Wegen der deutlichen Überlegenheit der sofortigen Therapie wurde die Studie nach einer Zwischenanalyse abgebrochen, obwohl erst 64 der geplanten 90 Patienten rekrutiert waren. Tabelle 3 faßt die wichtigsten Ergebnisse der Soca/ACTG-Studie zusammen.

Auch in dieser Studie konnte die intravenöse Applikation von Cidofovir, und zwar dosisunabhängig, die weitere Progression der CMV-Retinitis verlangsamen. Insgesamt zeigte sich dabei eine deutlich längere CMV-freie Zeit in dem Studienarm mit der höheren Dosierung.

Über randomisierte klinische Studien hinaus sind auch Daten aus der Analyse des amerikanischen Treatment Pro-

Tabelle 3: Soca/ACTG-Studie: Sofortige Gabe und verzögerte Gabe von Cidofovir gefolgt von zwei verschiedenen Erhaltungstherapien

Dosiserhaltungstherapie	Zeit zur Progression		Signifikanz
	verzögert	*sofort*	
3 mg/kg KG	21 Tage	64 Tage	0,052
5 mg/kg KG	20 Tage	> 120 Tage	0,009

gramms vorhanden [12]. Im Rahmen dieses Programms wurden Patienten mit anderweitiger nicht-behandelbarer CMV-Retinitis noch vor der Zulassung von Cidofovir mit der Substanz versorgt. Schlußendlich konnten die Daten von 384 der insgesamt 439 rekrutierten amerikanischen Patienten ausgewertet werden. Die demographischen Angaben der in die Studie eingeschlossenen Patienten gibt Tabelle 4 wieder.

Im Verlauf der Studie wurde bei 23% der Patienten ein Fortschreiten der Retinitis dokumentiert, 7% der Patienten entwickelten neue Läsionen. Bei derzeit noch nicht bestimmter mittlerer Behandlungsdauer ist die Wirksamkeit der Substanz aus den vorliegenden Daten nur bedingt zu beurteilen. Allerdings entwickelten nur 3% der Patienten, die bei Behandlungsbeginn ohne extraokulären Befall waren, eine neue extraokuläre Manifestation unter der Therapie. Dies läßt darauf schließen, daß Cidofovir auch extraokulär wirksam ist.

Mit der Zulassung von Cidofovir in Deutschland gründete sich die Deutsche Cidofovir-Studiengruppe, die sich aus verschiedenen Mitgliedern der DAGNÄ (Deutsche Arbeitsgemeinschaft niedergelassener Ärzte) und KAAD (Klinische Arbeitsgemeinschaft AIDS Deutschland) zusammensetzte. Von dieser Gruppe wurde ein Protokoll zur

Tabelle 4: Demographische Daten des Patientenkollektivs aus dem amerikanischen Treatment Programm

Zahl der Patienten (n)	384
Alter (Median) (Jahre)	38,5
CD4-Zellzahl (Median) (/µl)	9
Tage seit CMV-Erstdiagnose (Median)	288
Vorausgegangene Induktionszyklen (Median) (n)	3
Bilaterale Erkrankung (%)	65
Vorausgegangene Lokaltherapie (%)	36
Extraokuläre CMV-Manifestation (%)	33

Überprüfung der therapeutischen Wirkung und des Nebenwirkungsprofils von Cidofovir bei HIV-Patienten entworfen, die die vorherige CMV-spezifische Therapie mit Ganciclovir und/oder Foscarnet entweder nicht vertragen oder unter dieser Therapie ein CMV-Rezidiv erlitten hatten. Insgesamt konnten bislang 33 Patienten in die Beobachtungsstudie Cidofovir eingeschlossen werden. Die wichtigsten demographischen Daten der Studienpopulation sind in Tabelle 5 dargestellt.

Insgesamt erhielten die Patienten 8 ± 7 Zyklen Cidofovir mit einem Maximum von 27 Zyklen, wobei diese Patienten derzeit noch immer behandelt werden. CMV-Rezidive traten unter Behandlung in 12% der Fälle auf. Ein Abbruch der Behandlung aufgrund von Nebenwirkungen erfolgte bei 32% aller behandelten Patienten. Die Nebenwirkungsrate unter Cidofovir und Probenecid betrug 57%. 32% waren allein auf Cidofovir zurückzuführen; es handelte sich dabei im wesentlichen um erhöhte Kreatininwerte im Serum (21%), Proteinurie (15%), Neutropenie (12%) und Iritis (6%). Im Verlauf der Studie verstarben 18% der Patienten hauptsächlich an anderen AIDS-definierenden Ereignissen.

Insgesamt zeigen die preliminären Ergebnisse der deutschen Cidofovir-Studie, daß die Behandlung der CMV-Er-

Tabelle 5: Demographische Daten des Patientenkollektivs der deutschen Cidofovir-Studiengruppe

Zahl der Patienten (n)	33
Alter (MW ± SD; Jahre)	38 ± 7
CD4-Zellzahl (MW ± SD) (/µl)	50 ± 62
Vorbehandlung mit Ganciclovir und Foscarnet (n)	19
Vorbehandlung mit Ganciclovir (n)	10
Vorbehandlung mit Foscarnet (n)	3
Monate seit CMV-Erstdiagnose (MW ± SD)	8 ± 8
Monate seit AIDS-Erstdiagnose (MW ± SD)	24 ± 20

krankung mit Cidofovir bei AIDS-Patienten, deren Erkrankung weit fortgeschritten ist und die extensiv CMV-spezifisch vorbehandelt wurden, gut anspricht. Die CMV-Rezidivrate ist dabei niedrig. Die Rate an Nebenwirkungen ist allerdings hoch und nimmt mit Anzahl von CMV-spezifischen Vorbehandlungen und der Dauer der vorbestehenden AIDS-Erkrankung zu.

In verschiedenen anderen europäischen Ländern, aber auch in Australien, Neuseeland und Südafrika findet derzeit vor der Cidofovir-Zulassung des jeweiligen Landes ein „Cidofovir Named Patient Supply Program" statt. Insgesamt wurden in dieses Open Label Program 162 Patienten mit CMV-Retinitis eingeschlossen. Das durchschnittliche Alter der Probanden betrug 37,2 ± 8 Jahre. Bei 38 der insgesamt 162 Patienten (23,5%) war nach Therapie mit Ganciclovir und/oder Foscarnet ein Rezidiv der CMV-Retinitis aufgetreten, 27 von 162 (16,7%) hatten die vorherige CMV-spezifische Therapie nicht vertragen; die übrigen 97 Patienten (59,9%) waren überhaupt noch nie CMV-spezifisch behandelt worden.

Die vorläufige Auswertung dieser Studie ergab deutlich weniger Therapieabbrüche (sowohl aufgrund von CMV-Retinitisprogression oder aber Nebenwirkungen) in der vorher unbehandelten Gruppe (4% Abbrüche) gegenüber den behandelten Patienten mit CMV-Rezidiv (Abbrüche 29%). Bei den Patienten, die die vorherige CMV-spezifische Therapie nicht vertragen hatten, waren insgesamt 15% Therapieabbrüche zu verzeichnen. Mit einer Rate von 13,4% fielen die Nebenwirkungen bei den CMV-spezifisch unbehandelten Patienten am geringsten aus. Am höchsten war die Nebenwirkungsrate mit 18,5% bei den Patienten, die auch andere CMV-spezifische Therapien nicht vertragen hatten. Insgesamt zeichnete sich in der Studie ab, daß Patienten, die noch nicht mit Ganciclovir oder Foscarnet behandelt worden waren, eine deutlich geringere Nephrotoxizitätsrate unter der Cidofovir-Therapie entwickeln als intensiv vorbehandelte Patienten mit CMV-Retinitis.

Intravitriale Applikation von Cidofovir

Insbesondere für Patienten mit CMV-Retinitis, die eine systemische Behandlung ablehnen oder nicht tolerieren, stellt die intravitriale Applikation CMV-spezifischer Substanzen eine wirksame Therapieform dar. Aufgrund der langen Halbwertszeit von Cidofovir bot sich die Substanz für den intravitrialen Einsatz an.

Inzwischen sind vier Studien zur intravitrial applizierbaren Form von Cidofovir veröffentlicht [5, 6, 9, 10]. Den Studienteilnehmern wurde alle fünf bis sechs Wochen eine Injektion mit 20 µg Cidofovir appliziert. Insgesamt war durch die großen Applikationsintervalle die Akzeptanz der Therapie bei den Patienten ausgesprochen hoch. Die verzeichnete Wirkung dieser Behandlungsform entsprach der Wirkung systemischer Erhaltungstherapien. Da allerdings bei einigen Patienten teilweise irreversible okuläre Hypotonien mit komplettem Visusverlust auftraten, muß vor Beendigung weiterer Studien von einem intravitrialen Einsatz von Cidofovir abgeraten werden. Es sei hier außerdem betont, daß es keine Zulassung für diese Applikationsform gibt.

Klinische Anwendung

Cidofovir liegt als weißes wasserlösliches Pulver vor. Die kommerziell erhältliche Zubereitung enthält 375 mg Cidofovir in 5 ml wässeriger Lösung (entsprechend einer Konzentration von 75 mg/ml). Der pH-Wert dieser klaren und geruchslosen Lösung ist mit NaOH und/oder HCl auf 7,4 eingestellt. Cidofovir muß vor der Verabreichung mit 100 ml einer 0,9%igen physiologischen Kochsalzlösung verdünnt und innerhalb von 24 Stunden nach Herstellung der Infusionslösung intravenös über eine Stunde appliziert werden. Die Patienten erhalten 5 mg/kg KG einmal wöchentlich (Induktionsbehandlung) in den ersten 14 Tagen und später alle zwei Wochen eine Erhaltungstherapie von 5 mg/kg KG.

Eine Begleittherapie mit Probenecid ist bei jeder Cidofovir-Gabe erforderlich, um das Risiko nephrotoxischer Nebenwirkungen zu minimieren. Alle klinischen Studien zum Wirksamkeitsnachweis wurden unter gleichzeitiger Gabe von Probenecid und Cidofovir durchgeführt. Probenecid sollte dabei drei Stunden vor der Cidofovir-Infusion (2 g) sowie zwei Stunden (1 g) und acht Stunden (1 g) nach Beendigung der einstündigen Infusion verabreicht werden (insgesamt 4 g Probenecid) (Abb. 4).

Um die nach Probenecid-Einnahme mögliche Übelkeit und/oder Erbrechen zu verringern, sollten die Patienten vor jeder Probenecid-Einnahme etwas essen. In manchen Fällen ist ein Antiemetikum erforderlich. Bei Patienten, die Symptome einer Allergie oder Überempfindlichkeit auf Probenecid zeigen (z.B. Hautausschlag, Fieber, Schüttelfrost und Anaphylaxie), sollte die prophylaktische oder therapeutische Gabe eines geeigneten Antihistaminikums und/oder Paracetamol in Betracht gezogen werden. In verschiedenen Kliniken hat es sich auch durchgesetzt, 50 bis

	Stunde -3	Stunde -2 bis 0	Stunde 0 bis +1	Stunde +3	Stunde +9
Probenecid	4x 500 mg			2 x 500 mg	2 x 500 mg
NaCl 0,9 %ig		1 Liter	1 Liter (als zus. Option)		
Cidofovir			**5 mg/kg KG** (in 100 ml NaCl)		

Abbildung 4: Behandlungsplan Cidofovir

100 mg Prednisolon im Bolus i.v. und/oder 20 Tropfen Novalminsulfon (Novalgin®) vor Probenecid zu geben; dies kann die mit Probenecid verbundenen Nebenwirkungen erheblich reduzieren.

Manche Autoren empfehlen auch, aufgrund der möglichen Gefahr einer Iritis unter Cidofovir vorher lokal Prednisolontropfen ins Auge zu applizieren. Andere geben die Tropfen erst bei Bedarf. Um das Risiko einer möglichen Nephrotoxizität zu minimieren, sollten die Patienten unmittelbar vor jeder Cidofovir-Infusion insgesamt mindestens einen Liter einer 0,9%igen physiologischen Kochsalzlösung intravenös erhalten. Patienten, die eine zusätzliche Flüssigkeitsbelastung tolerieren, kann mit jeder Cidofovir-Dosis insgesamt bis zu zwei Liter einer 0,9%igen physiologischen Kochsalzlösung infundiert werden. Der erste Liter Kochsalzlösung sollte in einem Zeitraum von einer Stunde unmittelbar vor der Cidofovir-Infusion, der zweite Liter gleichzeitig mit der Cidofovir-Infusion über einen Zeitraum von ein bis drei Stunden oder unmittelbar im Anschluß daran verabreicht werden. Auch in den Tagen nach der Cidofovir-Applikation wird angeraten, auf eine ausreichende Hydratation der Patienten zu achten.

Verlaufskontrolle unter der Therapie

Proteinurie scheint ein frühzeitiger und sensitiver Indikator für eine durch Cidofovir hervorgerufene Nephrotoxizität zu sein. Die Serumkreatinin- und Proteinspiegel im Urin müssen aus Proben ermittelt werden, die innerhalb von 24 Stunden vor der Gabe einer jeden Cidofovir-Dosis entnommen wurden. Bei Patienten mit Proteinurie ≥ 2+ sollte eine intravenöse Hydratation durchgeführt und ein Urintest mit Urinstix wiederholt werden. Wenn nach erfolgter Hydratation weiterhin eine Proteinurie ≥ 2+ besteht, muß die Behandlung mit Cidofovir abgebrochen

Tabelle 6: Gegenanzeigen für den Einsatz von Cidofovir

Einschränkung der Nierenfunktion	Serumkreatinin > 133 µmol/l (> 1,5 mg/dl)
Kreatinin-Clearance	≤ 0,92 ml/sec (≤ 55 ml/min)
Proteinurie	≥ 100 mg/dl (≥ 2+ Proteinurie)
Gabe von anderen nephrotoxischen Mitteln	Aminoglykoside, Amphotericin B, Foscarnet, Vancomycin, intravenöses Pentamycin

werden. Die Fortsetzung der Cidofovir-Therapie bei Patienten mit persistierender Proteinurie ≥ 2+ nach intravenöser Hydratation kann zu weiteren Schäden einer bereits bestehenden proximalen Tubulusschädigung einschließlich Glykosurie, Absinken von Serumphosphat und Harnsäurebikarbonat sowie Ansteigen von Serumkreatinin führen. Während der Behandlung sollten diese Parameter jeweils vor jeder Infusion überprüft werden. Alternativ zum Urinstix kann auch ein Test mit 24-h-Sammelurin durchgeführt werden.

Patienten unter Cidofovir-Therapie sollten auch nach der Ausscheidungsmenge gefragt werden, da kasuistisch auch das Auftreten eines Diabetes insipidus beschrieben worden ist [11]. Bei Auffälligkeiten (Proteinurie) empfiehlt es sich, die Behandlung abzubrechen. Ob nach vollständiger Normalisierung der Werte erneut Cidofovir gegeben werden kann, wurde noch nicht untersucht; bis zum Vorliegen weiterer Daten scheint dies aber nicht empfehlenswert. Vor jeder Cidofovir-Gabe muß auch die Leukozytenzahl einschließlich eines Differentialblutbildes bestimmt werden. Patienten, die Cidofovir erhalten, sind regelmäßig ophtalmologisch nachzuuntersuchen.

Gegenanzeigen

Die Tabelle 6 faßt die wichtigsten Kontraindikationen, die gegen einen Einsatz von Cidofovir sprechen, zusammen.

Medikamenteninteraktionen

Probenecid beeinflußt den Metabolismus und die renale tubuläre Sekretion vieler Arzneimittel wie z. B. Paracetamol, Aciclovir, ACE-Hemmer, Aminosalicylsäure, Barbiturate, Benzodiazepine, Bumetanid, Clofibrat, Metothrexat, Pharmotidin, Furosemid, nicht-steroidale Antirheumatika, Theophyllin und Zidovudin. Patienten, die Zidovudin erhalten, sollten diese Behandlung vorübergehend unterbrechen oder an den Tagen, an denen Cidofovir gegeben wird, die Zidovudin-Dosis um 50% reduzieren; das mit Cidofovir verabreichte Probenecid verringert nämlich die Clearance von Zidovudin.

Wechselwirkungen von Cidofovir und Probenecid mit anderen Anti-HIV-Arzneimitteln, einschließlich den HIV-Proteaseinhibitoren, wurden in klinischen Studien bislang nicht untersucht.

Resistenzbildung unter Cidofovir

Nach In-vitro-Selektion von Ganciclovir-resistenten humanen CMV-Isolaten wurde bei Ganciclovir-selektierten Mutationen im CMV-DNA-Polymerase-Gen eine Kreuzresistenz zwischen Ganciclovir und Cidofovir festgestellt, nicht jedoch bei Mutationen im UL97-Gen. Bei Foscarnet-selektierten Mutanten wurde zwischen Foscarnet und Cidofovir keine Kreuzresistenz festgestellt. Cidofovir-selektierte Mutanten wiesen eine Mutation im DNA-Polymerase-Gen auf und waren kreuzresistent gegen Ganciclovir, jedoch empfindlich gegenüber Foscarnet. Cidofovir ist wirksam gegen einige, aber nicht gegen alle Foscarnet-resistenten Stämme [1, 14]. Dreifachresistente Laborstämme (Ganciclovir/Foscarnet/Cidofovir) sind beschrieben. Alle derartigen Virusisolate wiesen bei genotypischen Analysen mehrere Punktmutationen im DNA-Polymerase-Gen auf. Bei Patienten unter primärer Cidofovir-Therapie ist es bislang nicht gelungen, ein Cidofovir-resistentes Virus zu isolieren.

Zusammenfassung

Bei Cidofovir handelt es sich um ein Nukleotidanalogon, das sich als ausgesprochen wirksam bei der Behandlung der CMV-Retinitis erwiesen hat. Im Gegensatz zu den zugelassenen Standardtherapeutika kann Cidofovir intermittierend appliziert werden; damit kann auf tägliche Tabletteneinnahmen oder implantierte Kathetersysteme verzichtet werden. Die Hauptnebenwirkung von Cidofovir ist die Nephrotoxizität, die sich vor allem als Proteinurie und in einem erhöhten Kreatininwert äußern kann. Patienten, die bislang keine CMV-Vorbehandlung erhalten haben, weisen deutlich weniger Nebenwirkungen auf als Patienten, die bereits extensiv mit Ganciclovir und Foscarnet vorbehandelt wurden.

Fälle irreversibler Nierenfunktionsstörungen unter Cidofovir sind beschrieben. Es muß daher dringend auf eine ausreichende Hydrierung und die Koadministration von Probenecid geachtet werden, um die Nephrotoxizität von Cidofovir zu vermindern. Dabei sollte auf das Interaktionspotential von Probenecid geachtet werden. Aufgrund des nephrotoxischen Potentials von Cidofovir sollte die Anwendung erfahrenen Ärzten und Pflegeteams überlassen bleiben. Die Indikationen und Kontraindikationen für die Substanz sind streng zu beachten.

Literatur

[1] Baldanti F, Underwood MR, Stanat SC, et al.: Single aminoacid changes in the DNA-polymerase conferred foscarnet-resistance and slow-growth phenotype, while mutations in the UL97-encoded phosphotransferase confer ganciclovir-resistance in three double-resistant human cytomegalovirus strains recovered from patients with AIDS. J Virol 70 (1996) 1390–1395

[2] Condy KC, Petty PG, Flaherty J, Fisher PE, et al.: Clinical pharmakokinetics of Cidofovir in human immunodeficiency virus infected patients. Antimicrobiol Agents Chemother 39 (1995) 1247–1252

[3] De Vit S, Snoeck R, Rossi C, Dachy B, et al.: Treatment of progressive multifocal encephalopathy (PML) with Cidofovir in an AIDS-patient. AIDS 10 (Suppl 2) (1996) S45

[4] Hitchcock MJM, Jaffe HS, Martin JC, Stagg RJ: Cidofovir, a new agent with potent anti-herpes-virus activity. Antiviral Chem and Chemother 7 (1996) 115–127

[5] Kirsch LS, Arevalo JF, Chavez de la Paz E, et al.: Intravitrial cidofovir (HPMPC) treatment of cytomegalo virus retinitis in patients with acquired immunodeficiency syndrome. Ophtalmology 102 (1995) 533–543

[6] Kirsch LS, Arevalo JF, De Clercq E, et al.: Phase l/ll study of intravitrial cidofovir in the treatment of cytomegalo virus retinitis in patients with the acquired immunodeficiency syndrome. Am J Ophtalmol 119 (1995) 466–476

[7] Lalezari JP, Kemper C, Stagg JR, et al.: A randomized, controlled study of the safety and efficacy of intravenous cidofovir (CDV, HPMPC) for the treatment of relapsing cytomegalovirus retinitis in patients with AIDS. XI Intl Conf AIDS (1996), Vancouver, Th. B.304

[8] Lalezari JP, Stagg RJ, Kuppermann BD, et al.: Intravenous cidofovir for peripheral cytomegalovirus retinitis in patients with AIDS. A randomized controlled trial. Ann Intern Med 126 (1997) 257–263

[9] Rahhal FM Arevalo JF, Munguia D, et al.: Intravitrial cidofovir for the maintainance treatment of cytomegalo virus retinitis. Ophtalmology 103 (1996) 1078–1083

[10] Rahhal FM, Arevalo JF, Chavez de la Paz E, et al.: Treatment of cytomegalo virus retinitis with intravitrious cidofovir in patients with AIDS. A preliminary report. Ann Intern Med 125 (1996) 98–103

[11] Schliefer K, Rockstroh JK, Spengler U, Sauerbruch T: Nephrogenic diabetes insipidus in a patient taking cidofovir. Lancet 350 (1997) 413–414

[12] Stagg RF, Gathe J, Lieberman RM, et al.: The vestide cidofodin injection treatment IND for relapsing CMV retinitis. 4th Conference on Retroviruses and Opportunistic Infections 1997, Washington, Abstract No. 306

[13] Studies of Ocular Complications of AIDS Research Group in Collaboration with the AIDS Clinical Trials Group: Parenteral cidofovir for cytomegalo virus retinitis in patients with AIDS: The HPMPC Peripheral Cytomegalo Virus Retinitis Trial – a randomized controlled trial. Ann Intern Med 126 (1997) 264–274

[14] Sullivan V, Coen DM: Isolation of foscarnet-resistant human cytomegalovirus: patterns of resistance and sensitivity to other antiviral drugs. J Infect Dis 164 (1991) 781–784

[15] Xiong X, Smith JL, Chen MS: The consequence of incorporation of (S)-1-(3-hydroxy-2-phosphonylmetoxy)-propylcytosin by human cytomegalo virus DNA-polymerase on DNA-elongation. Antiviral Res 26 (1995) A321

Die Autoren

Bernhard Bieniek
Auguste-Viktoria-Krankenhaus
II. Innere Abteilung
Rubensstraße 125
12157 Berlin

PD Dr. med. Hermann O. G. Gümbel
Johann-Wolfgang-Goethe-Universität
Klinik für Augenheilkunde
Netzhaut – Glaskörperchirurgie
Theodor-Kern-Kai 7
60590 Frankfurt/Main
T 069/63 01-56 49

Dr. med. Walter Heise
Auguste-Viktoria-Krankenhaus
II. Innere Abteilung
Rubensstraße 125
12157 Berlin

PD Dr. med. Ernst Holler
Klinikum der Universität Regensburg
Abteilung Hämatologie/Internistische Onkologie
Franz-Josef-Strauß-Allee 11
93042 Regensburg
T 0941/9 44-55 70 + 9 44-55 42
F 0941/9 44-55 43

Dr. med. Dr. rer. nat. Peter Kaulen
Drakestraße 32
12205 Berlin

Prof. Dr. med. Manfred L'age
Auguste-Viktoria-Krankenhaus
II. Innere Abteilung
Rubensstraße 125
12157 Berlin

Prof. Dr. med. Thomas Mertens
Universitätsklinikum Ulm
Abteilung Virologie
Institut für Mikrobiologie und Immunologie
Albert-Einstein-Allee 11
89081 Ulm

Dr. med. Jürgen K. Rockstroh
Medizinische Universitätsklinik
Sigmund-Freud-Straße 25
53111 Bonn

Dr. med. Bernd Salzberger
Klinik I für Innere Medizin
Universität Köln
50924 Köln

Dr. med. Eva Schielke
Neurologische Klinik der Charité
Humboldt-Universität
Schumannstraße 20/21
10117 Berlin

Dr. med. Albrecht Stoehr
Allgemeines Krankenhaus St. Georg
I. Medizinische Abteilung/Infektionsambulanz
Lohmühlenstraße 5
20099 Hamburg

In der Reihe Pharmacia & Upjohn Media „Bibliothek“ sind im SMVerlag noch folgende Bücher erschienen:

Virulenz und Chemotherapie

Herausgeber: G. Schmidt; erschienen 1990;
2. unveränd. Auflage 1991; ISBN 3-927290-07-6

Mikrobiologische Erkrankungen im Kopf- u. Halsbereich

Herausgeber: H. Hildmann, H. Neumann, W. Opferkuch;
erschienen 1990; 2. unveränd. Auflage 1991;
3. unveränd. Auflage 1992; 4. unveränd. Auflage 1992;
5. unveränd. Auflage 1994; 6. unveränd. Auflage 1995;
ISBN 3-927290-09-2

Anaerobe Infektionserreger – vom Patienten zum Labor

Autor: A. C. Rodloff; erschienen 1991;
2. unveränd. Auflage 1996; ISBN 3-927290-16-5

Anaerobierinfektionen in der Chirurgie I

Herausgeber: T. Hau; erschienen 1991;
2. unveränd. Auflage 1992; 3. unveränd. Auflage 1993;
ISBN 3-927290-13-0

Infektionen durch Toxoplasma gondii

Herausgeber: P. M. Shah, W. Stille; erschienen 1991;
2. unveränd. Auflage 1992; ISBN 3-927290-14-9

Bakterielle Endokarditis

Herausgeber: D. Horstkotte; erschienen 1992;
2. unveränd. Auflage 1994; 3. unveränd. Auflage 1996;
4. unveränd. Auflage 1996; ISBN 3-927290-21-1

Antibiotika im Alter

Autoren: H. W. Kaufhold, C. P. Mertgen; erschienen 1992;
2. unveränd. Auflage 1993; 3. unveränd. Auflage 1993;
4. unveränd. Auflage 1994; 5. überarb. und erw. Auflage 1995;
6. Auflage 1997; ISBN 3-927290-20-3

Verhaltensmedizinische Aspekte der Hypertonie

Herausgeber: H. Hellhammer, H. Lehnert, U. Ehlert;
erschienen 1992; ISBN 3-927290-18-1

Anaerobierinfektionen in der Chirurgie II

Herausgeber: H. Wacha; erschienen 1992;
2. unveränd. Auflage 1992; 3. unveränd. Auflage 1994;
4. unveränd. Auflage 1996; 5. unveränd. Auflage 1996;
ISBN 3-927290-19-X

Angststörungen

Herausgeber: F. Holsboer, M. Philipp; erschienen 1993;
ISBN 3-927290-22-X

Pelvic Inflammatory Disease

Herausgeber: E. R. Weissenbacher; erschienen 1993;
ISBN 3-927290-27-0

Prostaglandine

Herausgeber: T. Somville, W. Rath; erschienen 1993;
2. unveränd. Auflage 1994; 3. unveränd. Auflage 1995;
ISBN 3-927290-23-8

Antibakterielle Therapie in der HNO-Heilkunde

Autor: H. Luckhaupt; erschienen 1993;
2. unveränd. Auflage 1995; ISBN 3-927290-26-2

Das diabetische Fußsyndrom

Herausgeber: H. Reike; erschienen 1993;
2. unveränd. Auflage 1993; 3. unveränd. Auflage 1995;
4. bearb. Auflage 1996; 5. unveränd. Auflage 1996;
ISBN 3-927290-25-4

Kompendium der Infektionskrankheiten

Autoren: W. Presber, P. M. Shah, P. Wutzler, I. Tausch;
erschienen 1993; 2. überarb. und erw. Auflage 1996;
3. unveränd. Auflage 1998; ISBN 3-927290-29-7

Diazepine

Herausgeber: W. E. Müller; erschienen 1993;
ISBN 3-927290-15-7

Angst- und Panikerkrankungen

Herausgeber: S. Kasper, H.-J. Möller; erschienen 1993;
ISBN 3-927290-24-6

Eßstörungen

Herausgeber: K. M. Pirke; erschienen 1993;
ISBN 3-927290-30-0

Modulation der Virulenz von Krankheitserregern

Herausgeber: J. Hacker, J. Heesemann; erschienen 1994;
ISBN 3-927290-31-9

Arterielle Hypertonie und vaskuläres System

Herausgeber: G. Wambach, E. Fritschka; erschienen 1994;
2. unveränd. Auflage 1995; 3. unveränd. Auflage 1997;
ISBN 3-927290-35-1

Anaerobierinfektionen in der Chirurgie III – Abszesse: Aktuelle Diagnostik und Therapie

Herausgeber: H. Wacha, P. M. Shah; erschienen 1994;
2. unveränd. Auflage 1995; ISBN 3-927290-34-3

Toxoplasmose – Erreger und Krankheit

Herausgeber: H. D. Pohle, J. S. Remington; erschienen 1994;
2. unveränd. Auflage 1995; ISBN 3-927290-33-5

Antibiotika in der Zahn-, Mund- und Kieferheilkunde

Herausgeber: H.-J. Neumann, C. P. Mertgen; erschienen 1994; 2. unveränd. Auflage 1996; 3. unveränd. Auflage 1997; 4. unveränd. Auflage 1998; ISBN 3-927290-37-8

Kosten-Nutzen-Analysen in der Pharmaökonomie – Möglichkeiten und Grenzen

Herausgeber: P. Oberender; erschienen 1995; ISBN 3-927290-40-8

Manual Geburtshilfe

Herausgeber: R. Knitza, K. Schulze; 2. überarb. Auflage 1995; 3. unveränd. Auflage 1996; 4. überarb. und erweit. Auflage 1998; 5. unveränd. Auflage 1998; ISBN 3-927290-38-6

Antibiotika-Prophylaxe und -Therapie in der Chirurgie

Herausgeber: S. Geroulanos, M. Cakmakci, J. Schilling; erschienen 1995; 2. unveränd. Auflage 1995; 3. unveränd. Auflage 1998; ISBN 3-927290-36-X

AIDS – Pathomechanismen und therapeutische Ansätze

Autoren: C. P. Mertgen, I. Flemming; erschienen 1995; ISBN 3-927290-42-4

Bakterielle Vaginose

Autoren: U. B. Hoyme, W. I. van der Meijden; erschienen 1995; 2. unveränd. Auflage 1997; ISBN 3-927290-41-6

Therapie mit Beta-Rezeptorenblockern – Eine Renaissance der 3. Generation

Autor: K.-J. Rostock; erschienen 1995;
2. unveränd. Auflage 1995; 3. unveränd. Auflage 1997;
ISBN 3-927290-43-2

Beta-Rezeptorenblocker aus pharmakologischer und klinischer Sicht

Autoren: G. Baumann, G. Belz, C. Erley, B. Heublein;
erschienen 1995; 2. unveränd. Auflage 1997;
ISBN 3-927290-44-0

Rationalisierung und Rationierung im Gesundheitswesen

Herausgeber: P. Oberender; erschienen 1996;
ISBN 3-927290-46-7

Therapiechancen bei AIDS

Autor: H. Jäger; erschienen 1996; 2. überarb. Auflage 1997;
ISBN 3-927290-48-3

Mikrobiologische Erkrankungen im HNO-Bereich

Herausgeber: H. Hildmann, H. Luckhaupt, W. Opferkuch;
erschienen 1996; ISBN 3-927290-47-5

Die Rolle von Clindamycin in der Therapie von Staphylokokkenerkrankungen

Herausgeber: G. Peters; erschienen 1996; ISBN 3-927290-50-5

The role of Clindamycin in the therapy of Staphylococcal Diseases

Herausgeber: G. Peters; erschienen 1996; ISBN 3-927290-51-3

HIV-Infektion – Pathogenese, Diagnostik und Therapie

Herausgeber: B. Ruf, H. D. Pohle, F.-D. Goebel, M. L'age; erschienen 1996; ISBN 3-927290-49-1

Infektionsprävention in der zahnärztlichen Praxis

Autoren: H. Hof, C. P. Mertgen; erschienen 1997; 2. unveränd. Auflage 1998; ISBN 3-927290-53-X

Haut- und Weichteilinfektionen

Herausgeber: G. Peters, C. P. Mertgen; erschienen 1997; ISBN 3-927290-55-6

Aktuelle Diagnostik und Therapie bei Störungen der Prolaktinsekretion

Herausgeber: K. Bühler, R. Druckmann; erschienen 1997; ISBN 3-927290-58-0

Subarachnoidalblutung – Ein Leitfaden für Praxis und Klinik

Autoren: E. Rickels, H. Landolt; erschienen 1998; ISBN 3-927290-56-4